CAHIER D'ACTIVITÉS

AUFWIND

Allemand

6e

Norbert Biscons
Inspecteur pédagogique régional
Académie de Toulouse

Martine Dalmas
Professeur de linguistique allemande
Université de Metz

Pierre Gericke
Professeur agrégé
Collège des deux vallées, Monthermé
Formateur IUFM
Académie de Reims

Françoise Pernot
Professeur certifié
Collège Eurêka, Pont-Sainte-Marie
Académie de Reims

Didier

13, rue de l'Odéon, 75006 Paris

Dessins d'Éric Héliot et Jean-François Rousseau
Mise en page, réalisation et photogravure: CGP

ISBN 2-278-04606-3

Imprimé en France

Table des matières

KAPITEL 1

Wer ist es denn?

1. Akt

2. Wie heißt er? Wie heißt sie?

Note sous chaque dessin le nom du personnage.

① 

Er heißt..................

② 

Sie heißt..............

③ 

....

④ 

....

⑤ 

....

⑥ 

....

Claudia
Kai
Heiko
Madita
Florian
Kim

MERK DIR DAS!

Pour dire bonjour, les personnages n'emploient pas tous la même formule.

- La formule la plus courante est : ....
- .... est familier ; on l'emploie pour saluer un camarade ou quelqu'un que l'on connaît bien.
- .... s'emploie en Allemagne du sud et en Autriche.

Quand le professeur t'aura confirmé que ce que tu as écrit est juste, apprends-le par cœur en le répétant plusieurs fois à voix haute.

KANNST DU DAS?

Pour dire bonjour à ton (ta) correspondant(e), tu diras : ....

....

Pour saluer ses parents, tu diras : ....

3. Und du?

En imitant Florian, écris comment tu t'appelles et où tu habites.

Ich ....

Ich ....

4. Familie Binder

b. Qui est-ce ? Complète les phrases ci-dessous en t'aidant de la photo de famille, p. 11 du manuel.

Es ist ... : *C'est ...*

1. Es ist ....

Er heißt ....

2. Es ist ....

Er heißt ....

3. Es ist ....

Sie heißt ....

4. Es ist ....

Sie heißt ....

c. Et ta famille ?

> *le frère :* der Bruder
> *la sœur :* die Schwester

En parlant de ses parents, Florian dit :
Mein Vater heißt Peter Binder, meine Mutter heißt Inge Binder.

En imitant ses paroles, présente ta famille :

....

....

2. Akt

3. Hör zu!

Qui reçoit du courrier ? De la part de qui ? La pluie a effacé une partie du message !
Écoute le dialogue entre Florian et Frau Binder, puis complète la carte postale.

MERK DIR DAS!

Observe

Die Karte kommt aus Spanien.

Déduis

Pour dire d'où vient une personne ou un objet, on utilise ....

KANNST DU DAS?

1. Colle ici une carte postale qui te plaît et indique sa provenance.

Das ist eine Postkarte ....

2. Le facteur parle à Kai. Complète le dialogue.

Le facteur interpelle Kai.	Kai Klinkhammer?
Kai répond, demande de quoi il s'agit.	Ja, ...
Le facteur lui annonce qu'il a du courrier.	....
Kai s'étonne.	....
Le facteur précise que la carte vient d'Italie.	Ja, ...
Kai demande qui l'envoie.	....

Zwischendurch

1. Eins, zwei, drei ...

a. Note en chiffres en face de chaque mot le nombre correspondant.

zehn:	....	vier:	....	sechs:	....	acht:	....
drei:	....	neun:	....	elf:	....	zwei:	....
fünf:	....	zwölf:	....	eins:	....	sieben:	....

Vérifie tes réponses, puis apprends par coeur les nombres de 1 à 12.

b. Écoute les opérations posées par Hinz et note les résultats.

a		c		e		g		i	
b		d		f		h		j	

2. Alles klar?

Écoute l'enregistrement et complète le texte du dialogue.

Kim: Kim Röder.

Florian: Hallo Kim. Ich bin's, Florian.

Kim: .... Was ist?

Florian: Ich .... Post, ... Frankreich.

Kim: ...., Post .... Frankreich!

Florian: Ja, eine .... aus Nîmes. Robert Fournier.

Kim: Wer ist Robert Fournier?

3. Post aus Deutschland

En t'aidant de la carte p. 15 de ton manuel, complète la grille par certains noms de villes et découvre ainsi le prénom d'un héros des temps modernes !

		■	R	A			F			T
			■	U	B					
				■	N	N				
			B	E	■		I			
			E	■	P	Z				
		P	■		S	A				
M		■	C			N				

Grammatik ist Trumpf!

A1 Observe

Frau Binder: *Florian! Du hast Post.*
Florian: *Ich habe Post!*
Frau Binder: *Ja, eine Karte. Sie kommt aus Frankreich.*
Florian: *... Robert Fournier. Er wohnt in Nîmes.*

Entoure les pronoms personnels d'un ◯ pour la première personne du singulier, d'un □ pour la deuxième personne et d'un ◇ pour la troisième personne.

Déduis

• le pronom de la *première personne du singulier*,
qui désigne celui ou celle qui parle, est .... ;
• le pronom de la *deuxième personne du singulier*,
qui désigne celui ou celle à qui l'on s'adresse, est .... ;
• le pronom de la *troisième personne du singulier*,
qui désigne de qui ou de quoi l'on parle,
est .... pour le *masculin* et .... pour le *féminin*.

A2 Observe

Frau Binder: *Florian! Du hast Post.*
Florian: *Ich habe Post!*
Frau Binder: *Ja, eine Karte. Sie kommt aus Frankreich.*
Florian: *... Robert Fournier. Er wohnt in Nîmes.*

Entoure la marque de première personne d'un ◯, celle de deuxième personne d'un □ et celle de troisième personne d'un ◇.

Déduis

En allemand, les marques de personne sur le verbe sont :
– .... *pour la première personne;*
– .... *pour la deuxième personne ;*
– .... *pour la troisième personne.*

Les verbes *sein* et *haben* sont irréguliers.

Ich .... Léa. Du .... Florian. Er .... der Vater. Sie .... die Mutter.
Ich .... Post. Du .... auch Post. Er .... Freunde in Spanien. Sie .... Freunde in Spanien.

❶ Relie par une flèche les deux moitiés de phrases :

Florian, du •	• hat Freunde in Hamburg.
Ich •	• hast Post.
Er •	• habe Post aus Frankreich.
Du •	• bin in Stuttgart.
Ich •	• ist der Vater von Florian.
Er •	• bist mein Freund.
Du •	• wohnst in Deutschland.
Ich •	• wohnt in Stuttgart.
Sie •	• wohne in Frankreich.

B

En allemand, l'article défini des mots masculins est ....,
l'article défini des mots féminins est ....

❷ Classe dans le tableau ci-dessous les mots suivants, avec leur article défini : *der Vater - die Mutter - die Großmutter - der Großvater - die Karte*

Mots masculins	Mots féminins
....	....
....	....
....	....

KAPITEL 2

Schön und gut, aber wann?

1. Akt

1. Wann sind die AGs?

Écoute ce que dit Heiko et aide Florian à compléter son emploi du temps.
Pour l'orthographe, tu peux t'aider de la liste des clubs proposés par le lycée *Karl von Frisch*:

Arbeitsgemeinschaften (AGs)

Computerkurs	Flöte	Theater	Volleyball
Naturprojekt	Fußball	Fossilienclub	Handball
Schulorchester	Tennis	Schülerzeitung	Schwimmen

	am Montag	am Dienstag	am Mittwoch	am Donnerstag	am Freitag
um 2 Uhr	Handball				
um 3 Uhr					
um 4 Uhr					
um 5 Uhr					

MERK DIR DAS!

Observe

Am Montag um 2 haben wir °Handball.

Déduis

Pour dire ce qui se passe à une date ou à une heure donnée, c'est généralement par cette indication de temps que l'on .... la phrase.

KANNST DU DAS?

a. En t'aidant du modèle ci-dessus, entraîne-toi à lire à haute voix l'emploi du temps des loisirs de Florian, que tu as complété (p. 11). Fais autant de phrases que tu le peux.

b. Complète les phrases suivantes.

Am Dienstag um 3 ist ....

Am .... um .... ist Naturprojekt.

.... Freitag .... 4 ....

2. Was machen die Kinder gern?

Tu travailles avec un(e) camarade. L'un(e) est A, l'autre B.

Partner A :

a. Voici des renseignements sur Kai, Madita et Heiko :

ich lese / er liest

Grâce à ces renseignements, réponds aux questions que te pose ton ou ta camarade.

Tu peux t'aider de l'exemple ci-dessous.

Partner B : Was macht Heiko gern?
Du : Er spielt gern Fußball.
Partner B : Was macht er nicht gern?
Du : Er...

b. Pose-lui aussi des questions sur les personnages que tu ne connais pas bien : Kim, Claudia et Florian. Tu pourras ainsi compléter les fiches ci-dessous :

♥ Flöte spielen

♥ ....

✗♥ ....

♥ ....

♥ ....

✗♥ ....

♥ ....

♥ ....

✗♥ ....

sammeln : *collectionner*

Partner B : reporte-toi à la page 22.

MERK DIR DAS!

Observe

Florian spielt gern Musik.
Kim schwimmt nicht gern.
Was machst du gern?

Déduis

Pour dire ce qu'on aime faire, on associe au verbe l'adverbe ....

KANNST DU DAS?

1. Fais un dessin ou colle une photo qui te représente en train de pratiquer ton activité favorite. Puis, avec l'aide de ton professeur, écris en légende ce que tu aimes faire.

Ich ....

2. Fais la liste des activités que tu peux faire, hors de la classe, dans ton collège ou ailleurs. Indique quand a lieu chacune de ces activités.

Hobby	Wann?
....	....
....	....
....	....
....	....

Pour demander quand a lieu l'une de ces activités,

tu diras : ....?

Pour dire que tu aimes cette activité,

tu diras : ....

Prépare-toi à répondre aux questions que te poseront tes camarades.

- Lis à haute voix quand a lieu chacune des activités que tu as écrites plus haut.
- Dis à haute voix si tu aimes ou non cette activité.

2. Akt

1. Wer ist am Apparat?

Écoute le numéro que compose Florian. Parmi les numéros ci-dessous, retrouve à qui il téléphone. Note au fur et à mesure dans quel ordre il appelle ses camarades (1, 2, 3, 4, 5 ou 6).

Après plusieurs sonneries, quelqu'un va décrocher. Tu pourras vérifier si tu avais raison.

	Ordre	
35 34		Klinkhammer Kai
34 72		Leinen Jochen
39 48		Löffler Heiko
25 69		Röder Kim
24 33		Schneider Madita
95 74		Stockinger Claudia

3. Akt

1. Wer macht mit?

Qui veut et peut participer avec Florian à l'entraînement de handball ? Écoute les réponses de ses amis et coche la case qui convient.

	macht mit.	macht nicht mit.
Kai		
Kim		
Claudia		
Madita		
Heiko		

MERK DIR DAS!

Observe

Florian: *«Am Montag ist Handball. Wer macht mit?*
Du, Kai, machst du mit?
Kim und Claudia, macht ihr mit?»

Déduis

Pour demander à quelqu'un s'il veut se joindre à une activité, on pose la question : «...? »

KANNST DU DAS?

Tu veux poser la même question à ton/ta camarade, au sujet d'une des activités proposées dans ton collège. Tu lui diras :

«Am ....

....?»

2. Hör zu!

Écoute la conversation téléphonique entre Claudia et Florian.

a. Raye le prénom qui ne convient pas.

klingeln = sonner

1. Das Telefon klingelt bei *Claudia / Florian*.
2. *Claudia / Florian* hat ein Problem.
3. *Claudia / Florian* hat die Information: Der Fossilienclub ist am Donnerstag.
4. *Claudia / Florian* macht mit.
5. Am Donnerstag hat *Claudia / Florian* Naturprojekt.
6. Am Freitag hat *Claudia / Florian* Schulorchester.

b. Relis le texte : «So ein Stress!»
Comment Florian exprime-t-il qu'il a beaucoup d'activités ?

....

....

KANNST DU DAS?

Dans le dialogue „So ein Stress!", Florian et Claudia sont au téléphone. Voici ce qu'ils font. En te reportant au dialogue (p. 22 du manuel), retrouve ce qu'ils disent.

Claudia se présente:	....
Florian la salue et se présente: Il explique pourquoi il appelle: et pose une question:	....
Claudia cherche et répond:	....
Florian demande si elle vient aussi:	....
Claudia dit que ce n'est pas possible:	....

En cachant la colonne de droite, apprends par cœur ces répliques.

3. Unter uns gesagt...

a. Note ici le bilan de la discussion en classe. Assure-toi que tu le comprends et apprends-le par cœur.

....

....

....

....

b. Complète les phrases suivantes en t'aidant de ce que tu as noté.

Am Donnerstag um .... hat Florian ....

Am .... hat er schon so viel.

Um .... hat er Schulorchester.

Zwischendurch

1. Wie alt ist er?

MERK DIR DAS!

Observe

Florian ist zwölf.
Jochen ist sechzehn Jahre alt.
Der Großvater ist sechzig Jahre alt.

Déduis

- Pour les nombres de 13 (dreizehn) à 19 (neunzehn),
  – le .... élément du nombre désigne les unités.
  – on exprime la dizaine en ajoutant au chiffre le suffixe -..................
- À partir de 20 (zwanzig),
  on exprime la dizaine en ajoutant au chiffre le suffixe -..................

KANNST DU DAS?

Tu sais dire que Uwe Schmidt a 19 ans :

....

Tu sais dire que Monsieur Weber a 90 ans :

....

Tu sais dire ton âge :

....

2. Wie viel ist 30 plus 10?

Complète les additions que te dicte Hinz, puis calcule le résultat.

Exemple : [ ] [3] [0] plus [ ] [1] [0] ist vierzig.

a. [ ] [3] [ ] + [ ] [7] [ ] = ...

b. [ ] [4] [ ] + [ ] [6] [ ] = ...

c. [ ] [6] [ ] + [ ] [4] [ ] + [ ] [4] [ ] = ...

d. [ ] [3] [ ] + [ ] [4] [ ] + [ ] [7] [ ] = ...

e. [2] + [2] + [8] + [3] = ……………………

f. [7] + [3] + [3] + [2] = ……………………

g. [1] + [4] + [2] + [9] = ……………………

3. Wer ist dein(e) Idealpartner(in)?

Quel(le) est ton / ta correspondant(e) idéal(e) (cf. manuel p. 23) ? Explique pourquoi.

Mein(e) ……………………………………………… ist ………………………………………………

Er / Sie ist ……………………………………………………………… alt.

Wir ……………………………………………… beide gern ………………………………………………

4. Alles klar?

Florian va avoir une semaine très chargée.
Relie par une flèche ses activités (ou visites) avec les jours où elles ont lieu.

das Konzert •	• am Mittwoch
die Generalprobe •	• am Dienstag
der Computerkurs •	• am Sonntag
der Fossilienclub •	• am 5. Oktober (Samstag)
der Mathetest •	• am Freitag
der Cousin •	• am Montag
nichts •	• am Donnerstag

> die Probe : *la répétition*
> proben : *répéter*
> die Generalprobe : *la répétition générale*

Grammatik ist Trumpf!

A Observe

***Ich** heiße Torsten.*
***Am Montag** habe ich Klavier.*
***Am Dienstag** habe ich Fußball.*
***Am Mittwoch** spiele ich Flöte.*
***Am Samstag** spiele ich Tennis.*
***Am Sonntag** kommt mein Cousin,*
*und **ich** bin k.o.!!*

Encadre le verbe dans chaque phrase.

Déduis

Dans les phrases déclaratives, le verbe est toujours à la ....e place.
Devant le verbe, donc à la ....e place, on peut trouver le ....
ou une autre indication, par exemple ....

❶

Montag	Dienstag	Mittwoch	Donnerstag	Freitag

Elke	Tina	der Vater	Lars	Florian

a. À l'aide des groupes infinitifs, fais des phrases pour indiquer qui fait quoi.

Elke ....

....

....

....

....

Piano spielen
Schulorchester haben
Fußball spielen
Tennis spielen
Fossilienclub haben

b. À l'aide du calendrier, décris à présent ce qui se passe chaque jour.

Am Montag .... Tennis.

....

....

....

....

B Observe

Tina und ich? Wir spielen Karten!
Ich habe Tennis! Tim hat auch Tennis! → *Wir haben Tennis!*

Déduis

Le pronom de la première personne du pluriel est ....

La marque portée par le verbe à la 1re personne du pluriel est –....................

❷ Complète les phrases suivantes :

1. Peter und ich? W.................... spiel.................... Tennis!
2. Claudia und ich? W.................... hab.................... Schulorchester!
3. Robert und ich? W.................... wohn.................... in Frankreich!

❸ Complète les dialogues suivants en utilisant le verbe irrégulier *sein* :

Maria : Ich .... zwölf, und du? Wie alt .... du?
Enna : Ich .... auch zwölf.
Maria : Schön! Wir .... beide zwölf!

Kai : Jochen .... so im Stress! Warum denn?
Kim : Am Freitag .... Schülerzeitung, Schulorchester und auch Tennis!

❹ Complète le dialogue suivant en utilisant le verbe irrégulier *haben* :

Martin : Am Mittwoch .... ich Schule, und du, ... du auch Schule?
Tina : Ja, ich .... am Mittwoch so viel! Schule und dann noch Sport!
Martin : Und Stephan? .... er auch so viel?
Tina : Ja, wir .... alle so viel am Mittwoch!

C Observe

Retrouve les deux éléments de chacun des noms composés suivants:

	1er élément	2e élément
der Computerkurs	Computer	der Kurs
die Postkarte	....	die ....
das Naturprojekt	....	das ....

Déduis

Dans un mot composé, l'élément le plus important du point de vue du sens est le ....e.

Le genre du nom composé est celui du ....

L'élément qui est accentué est le ....

Partnerspiel:

Was machen die Kinder gern? (voir p. 12)

Partner B :

a. Voici des renseignements sur Kim, Florian et Claudia.

Grâce à ces renseignements, réponds aux questions que te pose ton ou ta camarade. Tu peux t'aider de l'exemple ci-dessous.

Partner A : Was macht Kim gern?
Du : Sie spielt gern Flöte
Partner A : Was macht sie nicht gern?
Du : Sie...

b. Pose-lui des questions sur les personnages que tu ne connais pas bien : Kai, Madita et Heiko. Tu pourras ainsi compléter les fiches ci-dessous :

❤ Hockey spielen
❤ ....
✗ ....

❤ ....
❤ ....
✗ ....

❤ ....
❤ ....
✗ ....

FAIS LE POINT

1. Tu as la visite d'un correspondant allemand.

Présente-lui tes amis :

1. Damien qui joue de la flûte : ....
2. Aurélie qui aime bien jouer au basket : ....
3. Adrien qui fait de la natation : ....
4. Julie qui aime bien jouer au football : ....
5. et Anaïs qui adore le tennis : ....

Si tu ne sais plus comment on exprime ses goûts, reporte-toi à la rubrique «Merk dir das!», p. 13 de ce cahier. Pour nommer en allemand les différentes activités de loisirs, refais l'activité 2, p. 28 de ton manuel.

2. Nous aurons cours ensemble le...

Herr Ziffer, le professeur de Florian, a annoncé à la classe les horaires des cours qu'elle aura avec lui. Voici ce qu'a noté Florian. Retrouve ce qu'a dit le professeur.

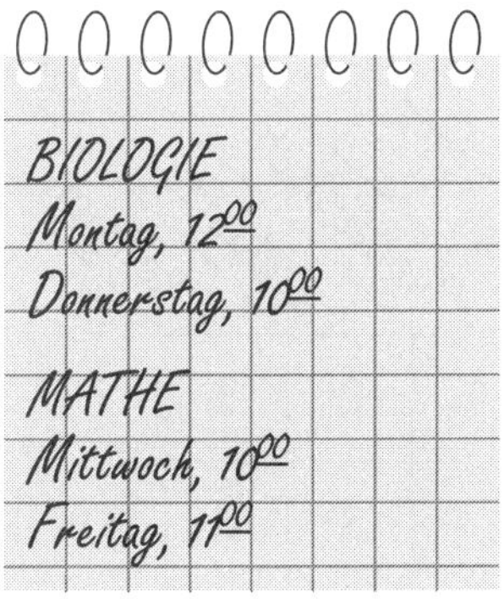

«Wir haben Biologie ....

....

....

....

....

....

Si tu ne sais plus comment exprimer la date et l'heure, relis le dialogue de l'activité 1, p. 20 du manuel.

3. Recherchons musicien...

Avec deux amis, tu veux former un quatuor de musique. Il manque donc un 4e musicien. Rédige une annonce, dans laquelle tu préciseras :

- que vous êtes trois élèves
- votre âge
- la ville où vous habitez
- les instruments dont vous jouez : de la flûte, du piano et de la guitare.

Musik spielen! ♫ ANZEIGE ♪ Das Quartett

Wir ....

....

....

....

Wer macht mit?

Si tu as des difficultés pour conjuguer les verbes, revois l'encadré B et fais les exercices 2 et 3, p. 26 du manuel.

KAPITEL 3

Wer soll Klassensprecher werden?

1. Akt

1. Die ersten Klassenarbeiten

Le professeur principal donne les notes manquantes pour chaque élève. Inscris ces notes dans les cases qui conviennent.

	Deutsch	Mathe	Biologie	Sport	Kunst	Musik	Französisch	Erdkunde	Religion
Florian BINDER	2	3		2	3		1	2	3
Kai KLINKHAMMER	3	3	3	1		4		3	Ø
Heiko LÖFFLER	3	2	2	1		3	2	1	
Kim RÖDER		1	1	2	2	1	1		2
Madita SCHNEIDER	1		3	1	2	1	3	3	1
Claudia STOCKINGER	2	2	1		1	2	2	3	Ø

Ø : nimmt nicht teil

2. Willst du einmal Lehrer(in) werden?

Recopie le groupe infinitif qui convient sous chaque illustration.

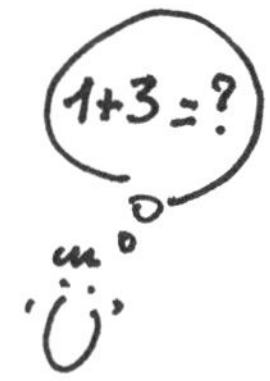

rechnen
Tennis spielen
laufen
singen
Deutsch sprechen

1. ....

2. ....

3. ....

4. ....

5. ....

3. Hör zu!

Qui est candidat(e) pour devenir délégué(e) de classe ?
Coche les cases qui conviennent.

Kandidat?	JA	NEIN
Kai		
Florian		
Heiko		
Madita		
Claudia		

4. Unter uns gesagt…

Note ici le bilan de la discussion en classe.

....

....

....

....

MERK DIR DAS!

Observe

Der Mathelehrer kann gut rechnen.

Déduis

Lorsqu'on veut dire qu'une personne **est capable de / sait** faire quelque chose, on emploie le verbe ....

KANNST DU DAS?

1. Indique ce que tu sais bien faire en cochant la case correspondante et en complétant.

Ich kann	gut rechnen.	☐	Ich kann auch..................................
	gut singen.	☐	....
	sehr schnell laufen.	☐	....
	gut schwimmen.	☐	....

2. En classe, tu vas interroger un, puis plusieurs camarades, sur ce qu'il est / ce qu'ils sont capable(s) de faire :

...., k................ du ....?

K... du auch ....?

.... und ...., k............... ihr ....?

3. Présente tes professeurs en complétant les phrases suivantes.

Herr/Frau .... ist d................. Deutschlehrer/lehrerin.

.... ist d................. ....

.... ist d................. ....

.... ist d................. ....

.... ist d................. ....

.... ist d................. ....

.... ist d................. ....

2. Akt

1. Wo sollt ihr was machen?

a. Coche la ou les bonnes cases selon que l'activité a lieu en classe ou à la maison. Dans certains cas, tu pourras cocher les deux cases.

	im Unterricht	zu Hause
Fragen stellen		
die Lektion lernen		
die Vokabeln lernen		
die Übungen machen		
viel arbeiten		
aufpassen		
gut zuhören		

b. Quand tu auras bien compris ce que signifient les groupes infinitifs ci-dessus, mémorise-les. Entraîne-toi à les utiliser en complétant oralement les phrases suivantes.

Zu Hause sollen wir...
Im Unterricht sollen wir...

2. Du sollst...!

Écoute ce que disent les parents et entoure ce que doit faire chaque enfant.

Exemple : **Vater:** Florian, du sollst Übungen machen und nicht fernsehen!
Hinz: Was soll Florian machen?

Florian soll	Übungen machen	fernsehen
Heiko soll	arbeiten	Fußball spielen
Kai soll	Musik hören	Französisch lernen
Kim soll	die Übungen machen	zum Tennis gehen
Madita soll	telefonieren	zum Tanzen gehen
Claudia soll	die Schülerzeitung lesen	in die Schule gehen

3. Akt

1. Im Französischunterricht

Frau Manz : Bon, maintenant, nous allons décrire une image.

Kai : Was sagt sie?

Madita : Aber Kai, hör doch zu!

Kai : Oh, Entschuldigung, ich verstehe nicht.

Frau Manz : En français s'il te plaît !

Kai : Pardon, je ne comprends pas.

Frau Manz : Qui peut aider Kai ? Heiko, kannst du Kai helfen?

Heiko : Nein. Er soll aufpassen.

Frau Manz : Ach! Claudia, kannst du Kai helfen?

Claudia : Frau Manz sagt, wir wollen ein Bild beschreiben.

Kai : Ich kann doch nichts sagen.

Frau Manz : En français!

Kai : Je ne sais dire rien.

Frau Manz : Comment "Je ne sais rien dire?" Pose donc des questions : "Où est l'homme, la femme, le garçon, la fille?" ou bien "Où sont les gens?"

Kai : Je ne comprends pas.

Frau Manz : Madita, kannst du Kai helfen?

Madita : Immer ich! Warum passt er nicht auf? Er soll doch aufpassen!

Claudia : „Wo ist der Mann, die Frau, der Junge, das Mädchen?" oder „Wo sind die Leute?"

Kai : Danke, Claudia. Où est l'homme ?

Madita : Il est à Paris, à la Tour Eiffel.

Frau Manz : Très bien ! Kai, répète !

Kai : Il est à Paris, à la Tour Eiffel.

Frau Manz : Continue !

Kai : Was macht der Mann? Oh, que..., que fait l'homme ?

Florian : Il photographie la Seine.

Frau Manz : Très bien, Florian. Il photographie la Seine. Kai, répète !

Kai : L'homme est à Paris, il photographie la Seine.

Frau Manz : Voilà. Tu vois, c'est facile. Tu dis ce que tu peux dire ou bien tu poses des questions pour faire parler les autres... Moment bitte! Die Aufgaben für Mittwoch!

Kai : Je ne comprends pas. En français s'il vous plaît ! Au revoir Madame !

a. Comprends-tu bien les portions de phrase inscrites ci-dessous ?

b. Écoute et coche la ou les cases qui conviennent.

Claudia	Heiko	Madita	Kai	Florian	
					versteht nicht.
					kann nicht antworten.
					soll helfen aber will nicht.
					will gern helfen.
					will keine Hausaufgaben machen.

c. Commenter une image :

> *Commenter une image, comme le précise Mme Manz, c'est dire tout ce qu'on peut sur une image : qui sont les personnages, où ils sont, ce qu'ils font, etc.*
>
> *Quand tu ne sais pas le dire en allemand, essaie de le faire dire à ceux qui savent, camarades ou professeur, en leur posant des questions.*

– En t'aidant du texte « Im Französischunterricht », note ce qui te sera utile en cours d'allemand pour commenter une image :

Pour demander **qui est le personnage**, tu poses la question (elle n'est pas dans le texte, mais tu sais la poser) :	....
Pour demander **où se trouve le personnage**, tu poses la question : **S'il y a plusieurs personnages**, tu poses la question :	....
Pour demander **ce que fait le personnage**, tu poses la question :	....
Pour dire que **tu ne comprends pas** :	....
Pour **réclamer au professeur les devoirs** pour le lendemain, tu cries très fort :	....

– En masquant la partie gauche, répète plusieurs fois les phrases de la colonne de droite, et essaie de retrouver les situations.
– Quand tu crois savoir ces phrases, cache-les, regarde seulement la situation, essaie de retrouver ainsi chaque phrase.

3. Unter uns gesagt...

Quelles qualités doit avoir un(e) délégué(e) de classe ?
a. Écoute Hinz et coche dans la 2e colonne ce qu'il pense.
b. Coche dans la 3e colonne les qualités que tu attends d'un délégué.

Ein(e) Klassensprecher(in) soll...	Das meint Hinz.	Das meine ich.
gut sprechen können		
nett sein		
im Unterricht aufpassen		
Fragen stellen können		
gut Französisch sprechen		
gute Noten haben		
gut Fußball spielen		
gut helfen können		
lustig sein		

MERK DIR DAS!

Observe

gute Noten haben - im Unterricht aufpassen - Fußball spielen

Déduis

Dans un groupe infinitif, le verbe est placé ....

Il est précédé de ....

KANNST DU DAS?

1. Retrouve l'équivalent allemand des groupes infinitifs suivants :

bien écouter : ....

être gentil : ....

avoir de bonnes notes : ....

savoir bien parler : ....

2. À l'aide du tableau ci-dessus, présente les délégués de ta classe :

Der Klassensprecher heißt ....

Er kann ....

Die Klassensprecherin ....

....

Zwischendurch

1. Was sollen wir machen?

C'est mardi soir. Kai ne retrouve pas son cahier de textes. Il téléphone à Kim pour savoir ce qu'il doit faire pour le lendemain.

Partner A : tu es Kai.
Note ici, sous forme de groupes infinitifs, les renseignements que tu demandes à Kim.

Kai : In der ersten Stunde haben wir Mathe.
Was sollen wir da machen?
Kim: Wir sollen...
Kai : Dann haben wir...
Was sollen wir da machen?

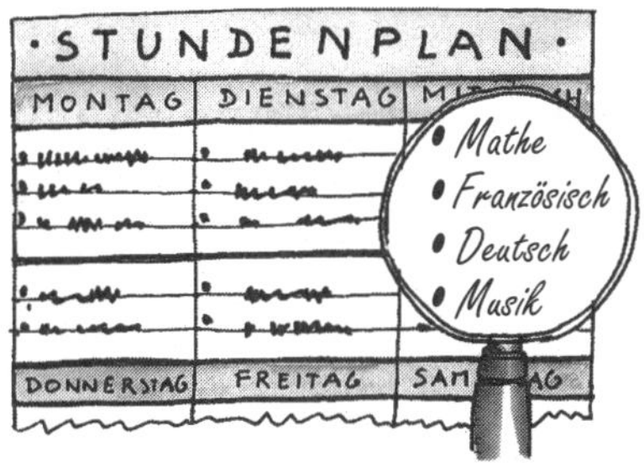

Exemple : *Deutsch: den Text lesen (Seite 14).*

....

....

....

Partner B : tu es Kim. Reporte-toi à la p. 39.

2. Kais Lehrer

Ton camarade et toi possédez des renseignements sur les professeurs de Kai : leur nom, leur âge, leur tic. Posez-vous des questions pour que chacun complète sa grille.

Was unterrichtet Frau Manz?
Wer unterrichtet Mathe?
Wie alt ist er / sie?
Hat er / sie einen Tick?

Partner A :

Er/Sie heißt...	Er/Sie unterrichtet...	Er/Sie ist ...Jahre alt.	Er/Sie hat einen Tick: sagt immer...
Frau Manz	*Französisch*	*30*	
		50	*„So, so..."*
Herr Muskelmann	*Sport und Physik*		*„Schnell, Kinder!"*
Frau Sander	*Musik und Geschichte*		
	Kunst	*40*	*„Super!"*
Herr Zahn		*60*	*„Du, lieber Gott!"*

Partner B : reporte-toi à la p. 39.

4. Schau mal!

Pour commenter le dessin, tu dois dire où sont les personnages, les identifier, dire ce qu'ils font. Si tu ne peux pas le dire, parce que tu ne sais pas le dire ou parce que tu ne vois pas bien, pose des questions.

Note les questions que tu vas poser.

....

....

....

Choisis trois personnages et dis ce qu'ils font.

....

....

....

5. Alles klar?

Écoute la conversation entre Florian et Frau Manz, et coche les réponses exactes.

1. Was erzählt Florian?
   - ☐ Er spielt gern Tennis.
   - ☐ Er spricht gern Französisch.
   - ☐ Er hat einen Brieffreund in Frankreich.
   - ☐ Er will nach Nîmes fahren.
   - ☐ Er will gern Klassensprecher werden.

2. Wann kommt Robert nach Stuttgart?
   - ☐ am Sonntag
   - ☐ am Montag
   - ☐ am Donnerstag
   - ☐ am Freitag
   - ☐ am Samstag

3. Sie sollen die Klassensprecher wählen. Vier Schüler sind Kandidaten.
   Was will Florian wählen?
   - ☐ Heiko
   - ☐ Claudia
   - ☐ Madita
   - ☐ Kai

Grammatik ist Trumpf!

A Observe

Kai kann Französisch sprechen. / Kai kann Französisch.
Kai soll aufpassen (sagt Frau Manz!).
Kai will nicht arbeiten.

- Entoure dans chaque phrase le verbe conjugué.
- Souligne le verbe à l'infinitif ou le groupe infinitif.

Déduis

Dans ces phrases, le verbe conjugué exprime la ...., le .... ou la ....

Ces verbes, qu'on appelle verbes de modalité, sont alors accompagnés d'un autre verbe à la forme .... qui exprime ....

KANNST DU DAS?

Pour dire que tu es capable de parler allemand, tu diras :

Ich .... Deutsch sprechen.

Pour dire que tu dois parler allemand parce qu'on te l'a demandé, tu diras :

Ich .... Deutsch sprechen.

Pour dire que tu veux parler allemand, tu diras :

Ich .... Deutsch sprechen.

1 Dans les phrases suivantes, entoure les verbes exprimant la capacité, le devoir ou la volonté :

1. Kai will nicht lernen.
2. Ich will am Samstag Tennis spielen, willst du mitkommen?
3. Ich kann Deutsch, und du? Kannst du auch Deutsch?
4. Kai soll aufpassen, aber er will nicht!
5. Du sollst zuerst die Lektion lernen!
6. Wir sollen Vokabeln lernen.
7. Wir können Frau Manz verstehen.
8. Wir wollen eines Tages nach Deutschland fahren.

B Observe

Complète les trois tableaux de conjugaison :

1. verbe ***können*** : Ich .... schon Deutsch!
Du .... auch Deutsch!
Kai .... Französisch.
Wir .... schon Deutsch!
Ihr .... auch Deutsch!
Sie .... alle Deutsch!

2. verbe ***wollen*** : Ich .... am Sonntag Tennis spielen.
Du .... immer arbeiten!
Florian .... Fußball spielen.
Wir .... am Freitag schwimmen!
Ihr .... nicht immer arbeiten!
Sie .... nicht arbeiten!

3. verbe ***sollen*** : Ich .... immer arbeiten!
Du .... auch viel arbeiten!
Kai .... aufpassen und Fragen stellen.
Wir .... die Vokabeln lernen!
Ihr .... nicht träumen!
Sie .... aufpassen.

Déduis

Ces verbes ont deux particularités :

– à la 1re et à la 3e personne du singulier, ils ....

– les deux verbes *können* et *wollen* ont au singulier un radical ....
....

❷ Insère le verbe à la forme voulue.

1. Ich .... Deutsch sprechen. *(können)*

2. .... du am Sonntag mitkommen? *(wollen)*

3. Kim .... gut Flöte spielen. *(können)*

4. Wir .... die Vokabeln lernen! *(wollen)*

5. .... ihr am Samstag Tennis spielen? *(wollen)*

6. Du .... gut spielen! *(können)*

❸ Pour donner des conseils avec le verbe *sollen*, complète les phrases suivantes !

1. Kai, du .... aufpassen!
2. Kinder, ihr .... die Vokabeln lernen!
3. Florian, du .... die Übungen machen!
4. Kim, Kai und Florian! Ihr .... mitkommen!
5. Mutti, du .... nicht immer arbeiten!

❹ Tu t'étonnes de ce que tu entends et demandes confirmation à tes amis :

Exemple : – Wir wollen nicht arbeiten! → – Was? Wollt ihr nicht arbeiten?

1. – Wir wollen Fragen stellen! → – ....
2. – Wir können nicht Tennis spielen! → – ....
3. – Wir spielen nicht gern Karten. → – ....
4. – Wir wollen immer arbeiten! → – ....

❺ Indique entre parenthèses le groupe infinitif à partir duquel la phrase est construite.

1. Im Unterricht stellt Claudia Fragen. (..)
2. Zu Hause lernt sie die Vokabeln. (..)
3. Claudia arbeitet viel. (..)
4. Sie ist eine gute Schülerin. (..)

❻ En t'aidant des indications données, forme des phrases positives ou négatives !

1. Ich? Arbeiten wollen? Ja! → Ich ....
2. Die Klassensprecherin? Nett? Nein! → Sie ist ....
3. Felix? Architekt werden wollen? Ja! → Er ....
4. Sascha? Lustig? Nein! → Er ....
5. Karin? Schwimmen können? Nein! → Sie ....

7 Complète par le mot interrogatif qui convient !

1. *(Tu ne sais plus quel jour vient te voir ton ami Boris)* :

.... kommt denn Boris?

2. *(Tu ne sais plus qui joue de la flûte)* : .... spielt denn Flöte?

3. *(Tu ne sais plus où est la règle)* : .... ist denn das Lineal?

4. *(Tu ne sais pas ce que fera Mme B. dimanche)* :

.... macht Frau B. am Sonntag?

5. *(Tu ne sais pas comment se dit «fenêtre» en allemand)* :

.... heißt „fenêtre" auf Deutsch?

8 Frau Manz est curieuse ! Elle pose des questions à ses élèves pour les connaître. Retrouve ces questions en utilisant la 2e personne du pluriel !

Exemple : die Fragen verstehen → Versteht ihr die Fragen?

1. viel arbeiten wollen → ....

2. immer die Vokabeln lernen → ....

3. immer nett sein → ....

4. immer die Übungen machen → ....

5. eine Karte von Frankreich haben → ....

6. Fragen stellen wollen → ....

7. Fragen stellen können → ....

9 Fabrique des noms féminins.

der Schüler	die Schülerin	der Partner	....
der Lehrer	....	der Handballspieler	....
der Klassensprecher	....	der Schuldirektor	....
der Minister	....	der Brieffreund	....

Wortschatz

1. Dans quelle matière ?

Inscris le nom de la discipline scolaire qui correspond à chaque série de mots.

Noten	rechnen	lesen	der Ball	ein Radiergummi
singen	das Lineal	schreiben	laufen	Papier
eine Melodie	Wie viel ist...?	sprechen	spielen	ein Bleistift
eine Kassette	der Mathelehrer	Vokabeln	die Sporttasche	rot, grün
....	....	....	....	....

2. Pour mémoriser les genres

a. Inscris devant chaque mot son article défini :

.... Aufgabenheft	.... Brief	.... Karte	.... Papier	.... Schultasche
.... Bild	.... Buch	.... Kuli	.... Radiergummi	.... Telefon
.... Bleistift	.... Flöte	.... Lineal	.... Stift	.... Zeitung

b. Sur une feuille, écris les mots ou dessine les objets de différentes couleurs : bleu pour le masculin, vert pour le neutre, rouge pour le féminin.

c. Dessine ou colle ces objets dans 3 endroits différents selon leur genre : masculin : sur le sol – *(r) Boden* –; féminin : sur le mur – *(e) Wand* –; neutre : sur l'étagère – *(s) Regal.*

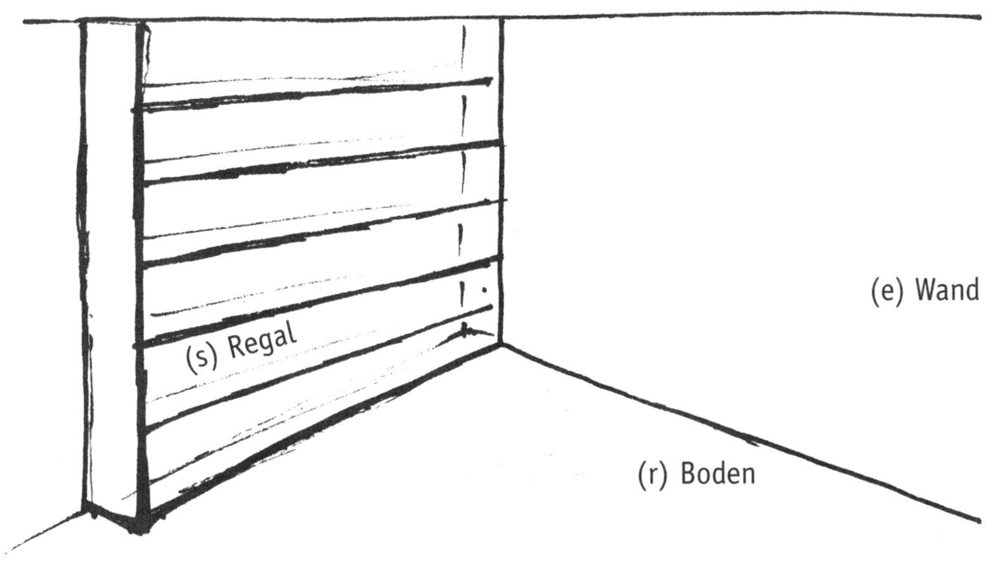

3. Familles de mots

À partir du verbe, retrouve le radical puis les noms de personnes correspondants.

	Verbe	Radical	Nom masculin	Nom féminin
	sprechen	sprech-	der Sprecher	die Sprecherin
	wählen			
	spielen			
	schwimmen			
	lesen			

4. Masculin - féminin

Relie chaque nom masculin au nom féminin correspondant.

der Schüler •	• die Schwester
der Klassensprecher •	• die Klassenlehrerin
der Mann •	• die Lehrerin
der Lehrer •	• die Tante
der Klassenlehrer •	• die Frau
der Bruder •	• die Schülerin
der Cousin •	• die Klassensprecherin
der Onkel •	• die Kusine

Partnerspiele

Was sollen wir machen? (voir p. 31)

Partner B : tu es Kim.
Kai a encore perdu quelque chose, aujourd'hui, c'est son cahier de textes. Il ne sait pas ce qu'il y a à faire pour demain. Renseigne-le à l'aide de ton cahier de textes, ci-dessous :

Mittwoch, den 9. Oktober

Deutsch: den Text lesen (Seite 14)
Franz: die Vokabeln lernen
Mathe: die Übungen 3 und 4 Seite 12 machen
Musik: die Flöte mitbringen

Kai : In der ersten Stunde haben wir Mathe. Was sollen wir da machen?
Kim : Wir sollen ...
Kai : Dann haben wir ... Was sollen wir da machen?
Kim : ...

Kais Lehrer (voir p. 31)

Partner B :
Ton camarade et toi possédez des renseignements sur les professeurs de Kai : leur nom, leur âge, leur tic. Posez-vous des questions pour que chacun complète sa grille.

Was unterrichtet Frau Manz? Wie alt ist er/sie?
Wer unterrichtet Mathe? Hat er/sie einen Tick?

Er/Sie heißt...	Er/Sie unterrichtet...	Er/Sie ist... Jahre alt.	Er/Sie hat einen Tick: sagt immer...
Frau Manz		*30*	*„Auf Französisch bitte!"*
Herr Ziffer	*Mathe und Biologie*		*„So, so..."*
Herr Muskelmann		*40*	
	Musik und Geschichte	*30*	*singt immer.*
Frau Sommer	*Kunst*		*„Super!"*
Herr Zahn	*evangelische Religion*	*60*	

FAIS LE POINT

1. Invente-toi un correspondant allemand !

Donne-lui un nom puis adresse-toi à lui :

a. Demande-lui :

– s'il sait parler français

....

– s'il sait nager

....

b. Dis-lui

– qu'il doit venir en France

....

– qu'il doit parler lentement

....

c. Dis-lui également que plus tard, tu veux travailler en Allemagne.

....

Si tu ne sais plus comment on exprime la capacité, le devoir ou la volonté, relis l'encadré A, p. 37 de ton manuel.

2. Les conseils du professeur principal

Il a noté ses remarques pour un élève qui n'a pas un très bon bulletin. Certaines choses se sont effacées ; retrouve-les.

1. In Französisch hast du nur eine 3. Das ist .... sehr gut! – **2.** Du sollst die Vokabeln .... und die Übungen .... – **3.** In Mathe hast du eine 1; das ist eine sehr gute .... – **4.** In Deutsch hast du nur eine 3, du sollst also viele Bücher .... – **5.** In Englisch hast du eine 4. Was ist da los? Arbeitest du nicht genug? Du sollst im Unterricht .... und Fragen ....! Einverstanden?

Si tu as des difficultés pour compléter ce texte, relis l'encadré « Hör und wiederhole », p. 32 de ton manuel.

3. Les élèves de la classe de Florian font un jeu.

Deux élèves jouent le rôle de frères jumeaux. Les autres doivent deviner quel métier les jumeaux veulent exercer plus tard, mais en ne posant que des questions auxquelles les jumeaux répondent par «ja» ou «nein».

a. Retrouve les questions.

La classe : ....?

Les jumeaux : Ja, wir spielen Fußball.

La classe : ....?

Les jumeaux : Nein, wir sind nicht gut in Mathe.

La classe : ....?

Les jumeaux : Nein, wir sprechen nicht gut Französisch.

La classe : ....?

Les jumeaux : Ja, wir können sehr gut schwimmen.

La classe : Dann wollt ihr Sportlehrer werden.
Les jumeaux : Richtig !

Si tu fais des erreurs sur les formes verbales, relis l'encadré B, p. 37 de ton manuel et refais les exercices 1 et 2.
Si tu fais des erreurs sur la place du verbe, relis l'encadré F, p. 39 de ton manuel et refais l'exercice 6.

b. Complète maintenant la fiche des jumeaux.

...Fußball spielen...

....

....

....

....

Si tu fais des erreurs sur l'ordre des mots, relis l'encadré C, p. 38 de ton manuel.

4. Dans la cour de récréation.

Complète les bulles.

Si tu ne sais pas quelles questions poser ou comment les poser, relis l'encadré E, p. 39 de ton manuel et refais les exercices 4 et 5.

KAPITEL 4

Wie kann Florian Robert Finden?

1. Akt

2. Auf welchem Gleis kommt der Zug an?

Écoute les annonces faites par haut-parleur dans la gare et note pour chaque train le numéro du quai.

Exemple : «Achtung, Achtung auf Gleis 13, es hat Einfahrt der RE aus Ulm.»

(Attention : les annonces ne seront pas faites dans l'ordre du tableau ci-dessous.)

Gleis (quai)	**Zug** (train)	**aus...** (provenance)	**um...** (horaire)
13	RE 6912	Ulm 12.01	13.20
....	ICE 954 Havelland	München 11.41	13.30
....	EC 65 Mozart	Paris-Est 7.47	13.40
....	IC 513 Diplomat	Düsseldorf 8.44	13.50
....	IC 118 Karwendel	Innsbruck 8.32	14.05
....	ICE 593 Walter Gropius	Berlin Zoo 8.00	14.10
....	EC 3007	Lyon 6.30	14.20

2. Akt

1. Möchtest du etwas trinken?

MERK DIR DAS!

Observe

Ein Schüler sagt zu Frau Manz: „Ich will nicht lernen. Ich will spielen."
Robert sagt zu Frau Binder: „Ich möchte Bier trinken."

Déduis

Pour dire que l'on veut absolument faire ou obtenir quelque chose, on dit :

Ich .... Klassensprecher werden.

Pour dire poliment que l'on aimerait faire ou obtenir quelque chose, on dit :

Ich .... eine Brezel kaufen.

3. Florian will helfen

MERK DIR DAS!

Observe

Florian braucht zwei Mark.
Florian braucht einen Film.

Déduis

Le verbe utilisé pour dire que l'on a besoin de quelque chose

est ....

Ce verbe est accompagné d'un ....

KANNST DU DAS?

Tu veux acheter un journal qui coûte 3 marks. Tu n'as que 2 marks. Comment diras-tu qu'il te faut encore un mark ?

Ich ....

Tu veux téléphoner à un ami. Comment diras-tu qu'il te faut son numéro de téléphone ?

Ich ....

Tu veux noter quelque chose. Tu n'as rien pour écrire. Que diras-tu ?

Ich ....

3. Akt

1. Wo bleibt denn Robert?

a. Observe la scène et reporte le numéro des personnages dans la case qui convient. La même case peut correspondre à plusieurs personnes.

	Personnage n°
einen Koffer tragen	
alt sein	
mit anderen Jungen sprechen	
viel Gepäck haben	
nur eine Zeitung haben	
ein Skateboard haben	
einen Rucksack tragen	
eine Tasche haben	

Décris maintenant chaque personnage en utilisant le tableau que tu as complété ci-dessus.

Die Frau Nummer 1 trägt einen Koffer. ....

....

....

....

....

....

....

b. Lequel de ces personnages est Robert ?
Fais des hypothèses et coche les cases correspondantes.

	vielleicht	bestimmt nicht
Frau Nr. 1	☐	☐
Junge Nr. 2	☐	☐
Junge Nr. 3	☐	☐
Mann Nr. 4	☐	☐
Junge Nr. 5	☐	☐
Mann Nr. 6	☐	☐
Junge Nr. 7	☐	☐

MERK DIR DAS!

Observe

Robert kommt	*Ø*	*um 14 Uhr.*
Robert hat	*bestimmt*	*Gepäck.*
Er ist	*bestimmt nicht*	*sehr groß.*
Robert hat	*vielleicht*	*einen Rucksack.*

Déduis

Lorsqu'on déclare quelque chose, on peut présenter cette chose comme un fait, ou bien signaler qu'on est plus ou moins sûr de ce qu'on dit.

certain

Ø

....

/..

....

incertain

KANNST DU DAS?

Tu sais dire :

que ce n'est pas Robert : ....

que tu es certain(e) que Robert est gentil : ....

qu'il joue peut-être au tennis : ....

2. Hör zu!

Écoute le dialogue et coche dans la colonne de gauche ce qu'a dit chacun. Puis déduis-en la réponse qui convient dans la colonne de droite.

	sagt	also
Der erste Junge	☐ "Mein Name ist Robert." ☐ "Mein Name ist Martin."	☐ Der erste Junge ist also Robert. ☐ Der erste Junge ist also nicht Robert.
Der andere Junge	☐ "Ich, Robert? Nein!" ☐ "Ich bin Robert."	☐ Der zweite Junge ist also Robert. ☐ Der zweite Junge ist also nicht Robert.
Die alte Dame	☐ "Ich bin die Letzte." ☐ "Da kommt noch ein Mann."	☐ Sie ist also die Letzte. ☐ Sie ist also nicht die Letzte.
Der Mann	"Ich möchte telefonieren, ☐ ich brauche 13 Pfennig[1]." ☐ ich brauche 30 Pfennig[2]"	Er meint bestimmt ☐ 13 Pfennig. ☐ 30 Pfennig.

1. 13 Pfennig = 0,07 € – 2. 30 Pfennig = 0,15 €

3. Unter uns gesagt…

Robert est-il là ? Note les arguments de Hinz et ceux de Kunz.

Arguments de Hinz	Arguments de Kunz
....	....
....	....
....	....
....	....
....	....
....	....

1. Koffer packen

Voici une liste d'objets. Kunz les emporte-t-il en voyage ? Écoute le dialogue et coche la case qui convient.

Exemple :
Hinz: Und die Krawatte da?
Kunz: Ach was, ich brauche doch keine Krawatte.

	... nimmt er mit.	**... nimmt er nicht mit.**
Die Krawatte		X
Die Zeitung		
Die Flöte		
Der Rucksack		
Der Tennischläger		

5. Alles klar?

Écoute la conversation entre les deux voyageurs et coche les énoncés justes.

Monsieur Schaeben

- ☐ attend son fils.
- ☐ part à Hambourg.
- ☐ est passionné de football.
- ☐ travaille comme porteur.
- ☐ arrive de Karlsruhe.

Madame Heller

- ☐ attend sa mère.
- ☐ part voir sa mère à Karlsruhe.
- ☐ attend sa fille de 17 ans.
- ☐ attend le train de 13 h 14.
- ☐ aide Monsieur Schaeben à porter ses bagages.

Grammatik ist Trumpf!

❶ Quel genre d'objet ? A l'aide des vignettes, complète chaque phrase en utilisant l'article indéfini qui convient.

1. Das ist ....

....

2. Das ist ....

....

3. Das ist ....

....

4. Das ist ....

....

5. Das ist ....

....

6. Das ist ....

....

7. Das ist ....

....

8. Das ist ....

....

A

Observe

ein Junge - ein Kind - eine Tasche - Kleingeld

Déduis

L'article indéfini est .... pour le masculin et le neutre et .... pour le féminin.

Lorsque le nom désigne quelque chose qui ne peut être dénombré, ...

....

B

Observe

Der Lehrer fragt die Schülerin.
Der Schüler versteht den Lehrer nicht.
Florian liest das Fax von Robert.
Die Schüler wählen einen Klassensprecher.
Claudia hat eine Brieffreundin.
Ein Mädchen trägt ein Skateboard.

Souligne les groupes nominaux qui sont en fonction de complément d'objet du verbe.

Déduis
Lorsque le groupe nominal est en fonction d'objet,
– l'article défini est :
.... pour le masculin, ... pour le neutre et .... pour le féminin.
– l'article indéfini est :
.... pour le masculin, ... pour le neutre et .... pour le féminin.
Pour la fonction sujet, ou lorsqu'il s'agit simplement de nommer un objet ou une personne, on utilise le cas appelé ....
Pour la fonction objet, on utilise le cas appelé ....

2 Complète le tableau ci-dessous :

	Masculin défini / indéfini	**Neutre** défini / indéfini	**Féminin** défini / indéfini
Nominatif sujet – attribut	der Mann / ein Mann	das Kind / ein Kind	die Dame /eine Dame
Accusatif objet	d......... Mann / .... Mann	d......... Kind / .... Kind	d......... Dame / .... Dame

3 Classe dans les trois colonnes les noms qui figurent dans l'exercice n° 2, p. 50 de ton manuel. Fais les précéder de la marque distinctive de leur genre : (r) pour le masculin, (s) pour le neutre, (e) pour le féminin.

Masculin	**Féminin**	**Neutre**
....	....	....
....	....	....
....	....	....
....	....	....

4 Complète les phrases suivantes en ajoutant l'article indéfini qui convient.

1. Florian hat .... Brieffreund. - **2.** Anton hat .... Freundin. - **3.** Ich brauche .... Radiergummi. - **4.** Der Junge braucht .... Heft. - **5.** Er schreibt .... Postkarte. - **6.** Der Mann hat .... Zeitung. - **7.** Das Kind trägt .... Koffer. - **8.** Das Mädchen hat .... Flöte.

❺ Madame Binder a coché les objets que la famille va emporter en randonnée. De quoi les Binder ont-ils besoin ? De quoi n'ont-ils pas besoin ?

Binders brauchen keinen Tennisschläger.
Sie brauchen einen Fotoapparat.
....
....
....
....
....
....
....
....
....
....
....
....
....
....

❻ Pose des questions en utilisant la forme de politesse.

1. Deutsch sprechen → Sprechen Sie Deutsch?
2. aus Berlin kommen ....
3. Frau Lang sein ....
4. Französisch unterrichten ....
5. Klassenlehrerin sein ....
6. nette Schüler haben ....
7. viel Arbeit haben ....
8. nach Frankreich fahren ....

❼ Complète les phrases suivantes avec le verbe *wissen* :

1. W.......... du das? - **2.** Ich w.......... nicht! Er w.......... auch nicht. W.......... ihr es? - **3.** W.......... Sie, ich kann auch Deutsch! - **4.** Wir w.......... es!

Wortschatz

1. La partie et le tout

Relie les éléments de la colonne de gauche à l'ensemble auquel ils appartiennent (colonne de droite).

Lokomotive • (→ Zug)	• Bahnhof
Gleis •	• Mark
Tasche •	• Baden-Württemberg
Pfennig •	• Zug
Zeitung •	• Gymnasium
Stuttgart •	• Gepäck
Übung •	• Buch
Text •	• Arbeit
Schüler •	• Kiosk

2. Chassez l'intrus

Raye l'élément qui n'entre pas dans chaque série et explique ton choix.

①	②	③	④	⑤
der RE	Innsbruck	das Geld	eine Brezel	eine Lehrerin
der ICE	Düsseldorf	die Mark	eine Cola	ein Briefträger
der EC	Mannheim	der Koffer	eine Tasche	ein Computer
die DM	Stuttgart	das Kleingeld	ein Eis	ein Zugfahrer
			eine Wurst	ein Gepäckträger
				eine Briefträgerin

3. Devinette

Complète la grille. Quel mot découvres-tu verticalement ?

					☐	R	E	Z	E	L	
				T	☐	S	C	H	E		
B	R	A	U	C	☐	E	N				
	P	F	E	N	☐	I	G				
			B	A	☐	N	S	T	E	I	G
		A	U	T	☐	M	A	T			
		K	A	U	☐	E	N				

FAIS LE POINT

1. Pas de chance !

Que manque-t-il à chacun pour faire ce qu'il veut?

1. Ich möchte Fußball spielen, aber …………………………………………

…………………………………………………………………………………………….

2. Ich möchte einen Ball kaufen, aber …………………………………………

…………………………………………………………………………………………….

3. Verena kann gut Tennis spielen, aber …………………………………………

…………………………………………………………………………………………….

4. Heiko hat einen Tennisschläger, aber …………………………………………

…………………………………………………………………………………………….

5. Die Kinder sollen Musik spielen, aber …………………………………………

…………………………………………………………………………………………….

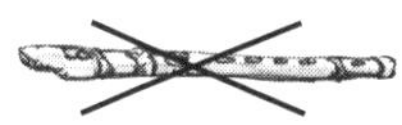

Si tu ne sais plus comment on exprime l'absence de quelque chose, relis attentivement le paragraphe C p. 50 de ton manuel, et refais les exercices n° 4, 5 et 6.

2. « Voie 13, attention au départ... »

Lis le texte ci-dessous puis complète les deux tableaux grâce à ces informations.

Der IC 125 Roland kommt um 18 Uhr 50 auf Gleis 13 an und fährt um 19 Uhr ab. Er kommt aus Berlin und fährt nach München. Er fährt über Ulm und Augsburg.

ANKUNFT

Zeit	**Zug**	**aus**	**Gleis**
…………	IC 125 Roland	…………………………………	…………

ABFAHRT

Zeit	**Zug**	**nach**	**Gleis**
…………	IC 125 Roland	…………………………………	…………

Si tu ne sais plus comment on exprime la provenance ou la destination, reporte-toi à la rubrique «Wortschatz», exercice 4, p. 52 de ton manuel.

3. Une célébrité !

Pour le journal de classe, tu vas interviewer le célèbre joueur de tennis Henrich Graf. Prépare les questions que tu vas lui poser...

... sur son âge : .... ?

... sur son lieu d'habitation : .... ?

... sur ses loisirs : .... ?

... s'il a des enfants : .... ?

Si tu ne sais plus comment on vouvoie une personne, relis attentivement le paragraphe D, p. 51 de ton manuel, et refais les exercices 7 et 8.

4. Qui a quoi ?

Observe Hinz et Kunz et note les différences.

Hinz hat ein ....

....

....

Er hat kein ....

....

....

Kunz hat ein ....

....

....

Er hat kein ....

....

....

Si tu as des difficultés pour la marque du déterminant, relis attentivement le paragraphe B, p. 49 de ton manuel et refais l'exercice 3, p. 50.

5. En attendant son train...

Complète le texte en choisissant dans la liste suivante le mot qui convient :

aus - Bahnhof - braucht - kaufen - nach - um - Zeit - Zug

1. Frau Bachschmidt ist am .... in Stuttgart. – **2.** Sie will .... München fahren. – **3.** Der .... kommt .... Düsseldorf, aber er ist noch nicht da. – **4.** Er kommt .... 20 Uhr 30 an. – **5.** Also hat sie noch 20 Minuten .... und kann sich noch schnell eine Zeitung am Kiosk .... – **6.** Sie hat nur 100 DM und sie .... Kleingeld.

KAPITEL 5

Was machen wir jetzt mit Robert?

1. Akt

1. Florian stellt seine Familie vor.

Complète les phrases suivantes par ce que tu sais de la famille de Florian.

1. .... von Herrn Binder heißt Rudolf.
2. .... von Herrn Binder heißt Gertrud.
3. Gertrud und Rudolf sind die .... von Florian.
4. Herr Binder hat einen ...., er heißt Detlev.
5. Detlev Binder ist der .... von Florian.
6. Anneliese Binder ist die .... von Florian.
7. Die Mutter von Florian hat keinen .... und auch ....
8. Inge ist die .... von Otto und Ruth Richter.
9. Florian ist der .... von Inge und Peter Binder.
10. Er hat keinen ...., und auch keine ...., wie seine Mutter.

3. Robert stellt sich vor.

a. Écoute ce que répond le professeur aux questions que pose la classe, et coche les cases correspondantes.

Note dans la colonne de droite les éventuels renseignements fournis par le professeur.

	JA	NEIN	
1. ein Instrument spielen	X		Trompete
2. Hobbies haben			
3. Tennis spielen			
4. schwimmen			
5. eine Arbeit haben			
6. eine Frau haben			
7. eine Tochter haben			
8. einen Sohn haben			
9. Enkelkinder haben			
10. eine Katze haben			
11. einen Hund haben			

b. En faisant des phrases, récapitule toutes les informations dont tu disposes sur Robert :

1. Robert spielt Trompete.
2. Er ....
3. Er ....
4. Er ....
5. Er ....
6. Er ....
7. Er ....
8. Er ....
9. Er ....
10. Er ....
11. Er ....

MERK DIR DAS!

Pour présenter les membres de sa famille...

der Vater / die .... = die Eltern

der Sohn / die .... = die Kinder

der Großvater / .... = die Großeltern

.... / die Tante .... / die Schwester

Pour indiquer son âge, on dit : Ich bin ....

KANNST DU DAS?

Présente ta famille en répondant aux questions :

Wie heißen deine Eltern?

....

Hast du Brüder und Schwestern? Wie viele? Wie heißen sie? Wie alt sind sie?

....

Wie heißen deine Großeltern?

....

Hast du Onkel und Tanten? Wie viele?

....

2. Akt

1. Was macht Familie Binder morgen?

Complète les phrases :

1. Um 7 Uhr 30 ....

2. Am Vormittag ....

3. Um 12 Uhr ....

4. Am Nachmittag ....

5. Um 17 Uhr ....

6. Um 18 Uhr ....

7. Um 19 Uhr ....

2. Hör zu!

Qui dit quoi ? Coche les cases qui conviennent.

Florian	Frau Binder	Herr Binder	
			1. Robert kann nicht allein bleiben.
			2. Robert kann fernsehen.
			3. Robert kann nicht fernsehen.
			4. Robert kann spazieren gehen.
			5. Robert kann einkaufen gehen.
			6. Robert kann kochen.
			7. Robert kann in die Schule mitgehen.

3. Florian und Robert

a. Complète le dialogue entre Robert et Florian. Pour cela, utilise ce que tu as entendu dans le dialogue «Das wird lustig!».

Florian demande à Robert ce qu'il veut faire demain.	Na, Robert, was wollen Sie morgen machen?
Robert n'en sait trop rien et demande son avis à Florian.	....
Florian lui propose de regarder la télévision.	Sie können ....
Robert dit qu'il ne comprend pas bien.	....
Florian lui dit qu'il a cours de français demain et lui demande s'il veut venir.	....
Robert ne dit pas non, pense que cela peut être drôle.	....

b. Apprends ce dialogue par cœur. Pour vérifier que tu le sais, recopie les répliques de l'un des deux personnages, puis complète le dialogue, sans regarder le modèle.

Florian: ....

Robert: ....

Florian: ....

Robert: ....

Florian: ....

Robert: ....

MERK DIR DAS!

Observe

Na, Robert, was willst du morgen machen?
Du kannst ja zu Hause bleiben und fernsehen.

Déduis

Pour demander à quelqu'un ce qu'il a l'intention de faire, on utilisera le verbe .... :

Was .... du machen ? (si on le tutoie)

Was .... Sie machen ? (si on le vouvoie)

Pour lui indiquer une possibilité, on utilisera le verbe .... :

Du k.................... ....

Sie k.................... ....

KANNST DU DAS?

Tu demandes à ton ami Sven ce qu'il veut faire aujourd'hui :	....
Il te répond qu'il ne sait pas :	....
Tu lui proposes de venir avec toi jouer au foot :	Ich.................... ....
Tu lui dis qu'il peut aussi rester chez lui et apprendre son vocabulaire :	....

3. Akt

2. Robert sieht sich das Haus an.

Numérote les pièces dans l'ordre de la visite effectuée par Robert à l'aide de Madame Binder. Puis relie les numéros par une flèche.

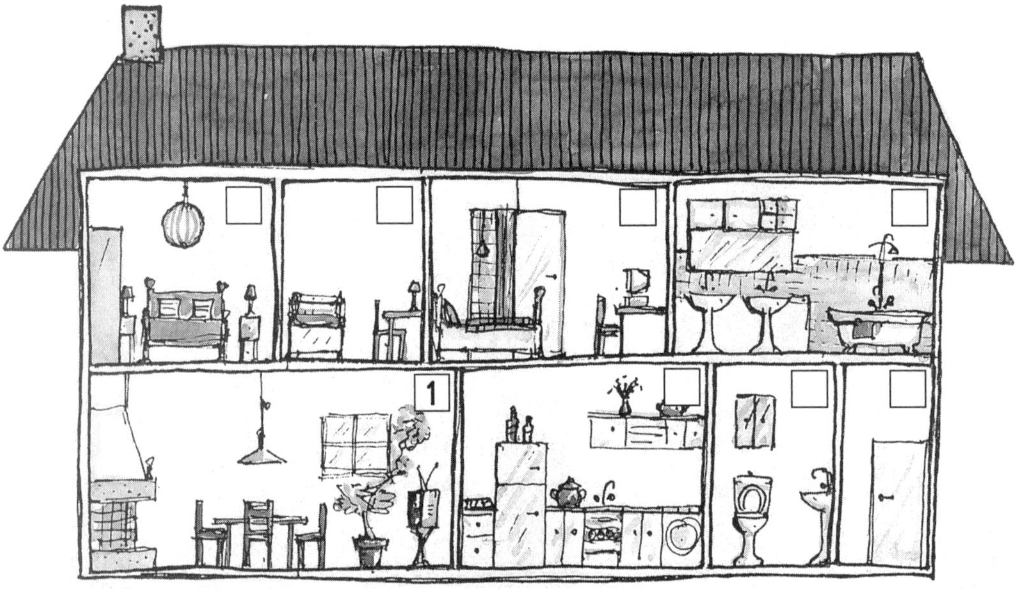

3. Unter uns gesagt...

a. Recopie les arguments utilisés dans la discussion en classe pour répondre aux questions posées.

Warum soll Robert in Florians Zimmer schlafen?

....

....

....

....

Warum ist Florian nicht einverstanden?

....

....

....

....

....

....

b. Relis plusieurs fois ce que tu as noté, entraîne-toi à faire une auto-dictée : essaie de te souvenir des phrases et de les copier sans faire d'erreurs.

MERK DIR DAS!

Observe

*das **Wohn**zimmer*	la salle de séjour
*das **Schlaf**zimmer*	la chambre à coucher
*das **Bade**zimmer*	la salle de bains
*das **Gäste**zimmer*	la chambre d'amis

Déduis

En allemand comme en français, les noms de certaines pièces de la maison sont des mots ....

En allemand, la partie du mot qui signifie « pièce » est « .... ».

Le genre de ce nom est ....

Ce genre est donc aussi celui du nom ....

La première partie de ces noms de pièces est accentuée et précise ....
....

4. Akt

1. Am Abendbrottisch

Inscris pour chaque commentaire de Hinz le numéro de la vignette correspondante.

phrase	vignette
1. Binders wollen jetzt essen. Frau Binder ruft Robert.	A
2. Auf dem Tisch sind Brot und Butter.	
3. Binders trinken Tee, aber Robert mag keinen Tee.	
4. Robert isst keine Wurst, er isst nur Käse.	
5. Robert versteht nicht, was passiert: Es ist erst 18 Uhr und Binders wollen schon essen.	
6. Robert nimmt Käse.	
7. Robert trinkt gern Bier.	

MERK DIR DAS!

Observe

– *Mögen Sie Honig?*
– *Ja, ich mag Honig, und ich esse auch gern Marmelade. Aber ich esse lieber Nutella!*

Déduis

• Pour dire qu'on aime un aliment ou une boisson, on utilisera

– soit le verbe irrégulier ....,

– soit le mot .... qu'on peut ajouter à la phrase.

• Le mot ...., qu'on peut ajouter à sa phrase, signifie qu'on préfère quelque chose.

KANNST DU DAS?

À toi de faire le service !

Tu demandes à Monsieur Weinberg, un invité, s'il boit du vin ou de l'eau :	Herr Weinberg, ...
Il te répond qu'il préfère le vin :	Ich .... natürlich ....
Tu demandes à ton ami Lars s'il aime le miel ou s'il préfère le nutella :	Lars, ...
Il te répond qu'il préfère le nutella :	....
Tu t'étonnes en voyant que ton ami Sven n'a pas mangé de fromage et tu lui demandes s'il n'aime pas ça :	....

2. Unter uns gesagt…

Fais le bilan de la discussion en complétant les phrases suivantes, selon le sens, par «Robert ist ein Problem» ou «Robert ist kein Problem» :

1. ....: Er kann für Familie Binder kochen.
2. ....: Frau Binder hat viel Arbeit.
3. ....: Er kann nicht allein einkaufen gehen.
4. ....: Er kann Florian in Französisch helfen.
5. ....: Er kann nicht den ganzen Tag allein bleiben.

Zwischendurch

1. Wie lautet die Adresse?

Écoute et complète :

Claudia STOCKINGER Max-Planck-Straße 21 70184 Stuttgart	Florian BINDER Kastanienallee .... 70184 Stuttgart
Heiko LÖFFLER Barbarossaplatz .... 70182 Stuttgart	Kim RÖDER Albrecht-Dürer-Weg .... 70180 Stuttgart
Kai KLINKHAMMER Neckarallee .... 70184 Stuttgart	Madita SCHNEIDER Gutenbergstraße .... 70186 Stuttgart

MERK DIR DAS!

Observe

23 ***drei**und**zwanzig***

Déduis

– Les nombres à deux chiffres à partir de 21 s'énoncent en commençant par ....

– Les deux chiffres sont reliés par ....

⚠ Attention au chiffre 1

– quand il est seul :	1	eins
– quand il est lié à une dizaine :	21	einØundzwanzig

KANNST DU DAS?

Écris en toutes lettres les nombres suivants :

51 : .... 73 : ....

89 : .... 33 : ....

45 : .... 97 : ....

66 : .... 32 : ....

2. Wer mag was?

a. Tu organises un petit déjeuner pour tes camarades. Note ce que chacun souhaite manger par une barre verticale en face des différents aliments.

b. Récapitule combien d'élèves ont demandé chaque aliment.

Exemple : Fünf Schüler mögen Honig.
Wir brauchen also Honig für fünf Schüler.

	Schüler	insgesamt
Kakao		
Milch		
Müsli		
Kaffee		
Tee		
Brötchen		
Butter		
Marmelade		
Honig		
Nutella		
Ei (Eier)		
Käse		
Wurst		
Schinken		

4. Wie schreiben wir unsere E-mail?

Ta classe s'apprête à utiliser Internet pour interroger vos correspondants sur leur collège. Prépare les questions pour leur demander :

– combien d'élèves a leur classe; ....

– combien de classes a leur établissement; ....

- comment s'appelle leur directeur(trice); ....

- comment s'appelle leur délégué de classe; ....

- comment il est; ....

- comment s'appelle leur déléguée de classe; ....

- comment elle est. ....

6. Alles klar?

1. Wie heißt Kais Briefpartner?

....

2. Spricht Kai Deutsch oder Französisch mit seinem Briefpartner?

....

3. Warum?

....

4. Wer ist Gaëlle?

....

5. Was ist Gaëlles Problem?

....

6. Wie reagiert Maditas Familie auf das Problem?

....

Grammatik ist Trumpf!

B Observe

*Ich heiße Binder. **Mein** Vorname ist Florian.*
*Und du? Wie ist **dein** Name?*

*Und der Sohn? **Sein** Name ist Raymond.*

Dans cette phrase, le possesseur est ...., il est du genre ....

*Und die Tochter? **Ihr** Name ist Emilie.*

Dans cette phrase, le possesseur est ...., il est du genre ....

*Wir lernen Deutsch. **Unser**(e) Lehrer(in) ist nett.*
*Und ihr? Wie ist **euer** Lehrer oder eure Lehrerin?*

*Binders? Ich habe **ihre** Adresse.*

*Frau Manz, wie heißt **Ihr** Sohn?*

Déduis

Les possessifs sont :

1re pers.	sing. :	plur. : ....
2e pers.	sing. :	plur. : ....
3e pers.	sing. :	plur. : ....

possesseur masc. : ....
possesseur fém. : ....
forme de politesse : ....

Le déterminant possessif se comporte comme *ein* : il peut donc prendre une marque selon le genre du nom qu'il détermine et selon le cas du groupe nominal dont il fait partie.

❶ Complète :

1. Du Claudia, wie heißen d.................... Vater und d.................... Mutter?
2. Was macht Florian? S.................... Brieffreund kommt heute!
3. François hat zwei Kinder. S.................... Sohn heißt Stéphane und s.................... Tochter heißt Emilie.
4. Frau Manz hat auch zwei Kinder. I.................... Sohn heißt Dominik und i.................... Tochter heißt Stephanie.
5. Hallo! Ich bin da! M.................... Name ist Kai.
6. Frau Manz, wie heißen I.................... Hund und I.................... Katze?

7. Wir singen; u.................... Klassenlehrerin singt mit.
8. Florian will Kim anrufen. Er braucht i.................... Telefonnummer.
9. Kim, willst du d.................... Vater anrufen?
10. Florian, willst du d.................... Großmutter anrufen?
11. Florian, kannst du d.................... Brieffreund verstehen?
12. Wir wollen u.................... Klassenlehrerin anrufen.
13. Hallo Kinder! Versteht ihr e.................... Deutschlehrer?
14. Frau Binder, ich kenne I.................... Sohn sehr gut!

❷ Indique le possesseur grâce à l'indication donnée entre parenthèses :

1. Es ist doch .... Fotoapparat! (Vati)
2. Es ist doch .... Schultasche! (du)
3. Es ist doch .... Lineal! (Kai)
4. Es ist doch .... Krawatte! (Opa)
5. Es ist doch .... Geld! (ich)
6. Es ist doch .... Flöte! (wir)
7. Es ist doch .... Zeitung! (Frau Binder)

❸ Observe les phrases suivantes, puis réponds aux questions :

1. *Herr Sommer hat zwei Kinder; sein Sohn heißt Jens, seine Tochter heißt Martina.*
2. *Frau Winter hat auch zwei Kinder; ihr Sohn heißt Max, ihre Tochter heißt Petra.*
3. *Robert ruft seinen Sohn an.*

Phrases 1 et 2 :

a. Pourquoi a-t-on *sein Sohn* (phrase 1) et *ihr Sohn* (phrase 2) ?

....

....

b. Pourquoi a-t-on d'une part *sein Sohn*, *ihr Sohn* et d'autre part *seine Tochter* et *ihre Tochter* ?

....

....

Phrase 3 :

c. Pourquoi a-t-on *seinen Sohn* ?

....

....

C Écris à gauche les pronoms personnels sujet (au nominatif) que tu connais. Puis complète la liste de ces pronoms lorsqu'ils sont objet à l'accusatif :

	sujet / nominatif	*objet / accusatif*
1re pers. sg.	.... spreche Deutsch.	Verstehst du ....?
2e pers. sg.	.... sprichst Deutsch.	Ich verstehe ....
3e pers. masc.	.... spricht Deutsch.	Ich verstehe ....
3e pers. fém.	.... spricht Deutsch.	Ich verstehe ....
1re pers. pl.	.... sprechen Deutsch.	Der Mann versteht ....
2e pers. pl.	.... sprecht Deutsch.	Ich verstehe ....
3e pers. pl.	.... sprechen Deutsch.	Ich verstehe ....
forme polit.	.... sprechen Deutsch.	Ich verstehe ....

Remarque :

***Je** parle allemand. Est-ce que tout le monde **me** comprend?*

En français aussi, le pronom personnel ....

4 Le jeu des familles. Complète par le pronom personnel qui convient :

1. Kim möchte die Mutter Wau. Florian hat ....
2. Kim möchte den Sohn Wau. Florian hat .... nicht.
3. Florian möchte die Tochter Muh. Kai hat .... nicht.
4. Kai möchte den Großvater Kikeriki. Kim hat ....

5 Au téléphone. Complète les questions posées !

1. Hallo Robert! Hörst du ....? Ich höre .... nicht!
2. Meine Mutter spielt Flöte: Hörst du ....?
3. Mein Vater sagt etwas: Verstehst du ....?
4. Meine Freunde spielen Gitarre: Hörst du ....?

6 Ré-écris les deux textes ci-dessous en remplaçant par un pronom les groupes nominaux soulignés.

a. Florian ist am Bahnhof, <u>Florian</u> möchte etwas trinken, aber <u>Florian</u> hat nicht viel Geld. <u>Florian</u> kauft eine Brezel. <u>Florian</u> kauft <u>die Brezel</u> am Kiosk. <u>Die Brezel</u> kostet eine Mark zwanzig. Dann kommt der Zug. Robert ist da! Florian sieht <u>Robert</u>. Ach nein! Falsch! Der Junge trägt ja einen Rucksack, aber <u>der Junge</u> heißt Martin.

....

....

....

....

....

....

b. Robert ist bei Binders. Robert erzählt... Robert hat eine Tochter, die Tochter heißt Mélanie. Robert hat einen Hund, der Hund heißt „Pastis". Robert mag den Hund sehr. Robert spricht viel, aber Florian versteht Robert nicht immer. Florian stellt viele Fragen, und Robert antwortet. Frau Binder meint: „Florian hat jetzt einen Freund, Florian soll den Freund mit in die Schule nehmen: Das wird lustig!"

....

....

....

....

....

....

....

....

7 Complète les phrases suivantes.

1. Die Rose ist für d.............. Mutter. – **2.** Die Krawatte ist für d.............. Vater.

3. Florian fragt: „Sind die Bonbons für m..........?" – **4.** Robert sagt: „Ja, sie sind für d..........!"

F

Observe

Robert mag ø Bier.
Kai stellt ø Fragen.
Robert isst keinen Schinken und trinkt kein Wasser und keine Milch.
Florian stellt keine Fragen.

Souligne le groupe objet et encadre le déterminant, lorsqu'il y en a un.

Déduis

Dans un groupe nominal qui désigne
– quelque chose qu'on ne peut pas dénombrer
– plusieurs choses dont la quantité n'est pas définie,

on n'utilise pas de ....

Lorsque le groupe nominal désigne une quantité zéro, la négation est exprimée par l'article négatif ....

❽ Recherche dans ton manuel le genre des noms suivants, puis classe-les chacun dans la colonne qui convient et apprends-les !

Tee, Bier, Mineralwasser, Limonade, Wein, Milch, Wurst, Schinken, Brot, Käse

masculin	féminin	neutre
(r) Tee		

❾ Florian sait ce qu'il veut ! Indique ce qu'il voudrait (ou ne voudrait pas) boire ou manger :

Ex. : Wurst: ja! → Florian will Wurst essen. Er mag ja Wurst.
Kaffee: nein! → Florian will keinen Kaffee trinken. Er mag ja keinen Kaffee.

1. Tee: ja! Er ....
2. Brot: nein! Er ....
3. Käse: nein! Er ....
4. Schokolade: ja! Er ....
5. Limonade: nein! Er ....
6. Wein: nein! Er ....
7. Mineralwasser: nein! Er ....
8. Milch: ja! Er ....

❿ La vie est bien compliquée ! Fais des énoncés négatifs avec les éléments donnés. Attention au genre des noms !

Ex. : Robert – Kleingeld haben
→ kein Kleingeld haben → Robert hat kein Kleingeld.

1. Robert – Wasser trinken ....
2. Florian – Geld haben ....
3. Frau B. – Französisch können ....
4. Robert – Wurst essen ....
5. Florian – Tee trinken ....
6. Robert – Schinken essen ....
7. Herr Binder – Brot essen ....

G Observe

SCHLAFEN	ESSEN	LESEN
ich schlafe	ich esse	ich lese
du schläfst	du isst	du liest
er / sie schläft	er / sie isst	er / sie liest
wir schlafen	wir essen	wir lesen
ihr schlaft	ihr esst	ihr lest
sie schlafen	sie essen	sie lesen

Déduis

Certains verbes sont appelés « verbes forts » parce que la voyelle de leur radical est parfois modifiée.

- Les verbes forts en -a- modifient la voyelle de leur radical à la .... et à la .... personne du .... Elle s'écrit « .... » ; le son correspondant est [ɛː]. Le signe « ¨ » s'appelle une « inflexion ».
- Les verbes forts en -e- modifient la voyelle de leur radical à la .... et à la .... personne du .... Elle s'écrit « .... » ou « .... » ; le son correspondant est [I] (bref) ou [iː] (long).

11 Indique pour chacun de ces verbes forts les trois formes du singulier.

1. essen: ich ...., du ...., er/sie ....
2. sehen: ....
3. helfen: ....
4. sprechen: ....
5. schlafen: ....
6. tragen: ....
7. fahren: ....
8. lesen: ....

⓬ Mets le verbe entre parenthèses à la forme voulue.

1. Robert .... in Florians Bett. *(schlafen)*
2. Florian, wo .... du? *(schlafen)*
3. Robert .... keine Wurst; und du, ... du auch keine Wurst? *(essen)*
4. Robert .... Deutsch. Und Emilie? .... sie auch Deutsch? *(sprechen)*
5. Und ihr? .... ihr auch Deutsch? *(sprechen)*
6. Ja, natürlich, wir .... alle Deutsch! *(sprechen)*
7. Die Dame .... einen Koffer. *(tragen)*
8. Florian .... Robert nicht. *(sehen)*
9. Frau Binder sagt: «.................... du, Florian, dein Freund ist da!» *(sehen)*
10. Frau Manz sagt: «Florian, ... du bitte Kai?» *(helfen)*
11. Florian .... Kai in Französisch. *(helfen)*

⓭ Complète les phrases suivantes par le verbe *mögen*:

1. Hallo Kinder! .... ihr Limonade?
2. Kai .... keine Limonade. Und du? .... du Limonade?
3. Ja, ich .... Limonade. Meine Schwester und ich, wir .... Limonade!
4. Die Kinder .... Limonade und auch Cola.
5. Frau Manz, ... Sie Käse?

⓮ Juxtapose les phrases données en utilisant les adverbes *zuerst* et *dann*.

1. Eine alte Dame kommt. Robert kommt.

....

2. Robert sagt «Guten Tag!». Er geht telefonieren.

....

3. Robert geht ins Badezimmer. Er geht ins Wohnzimmer.

....

4. Robert sagt «Gute Nacht!». Er geht in Florians Zimmer.

....

Wortschatz

1. À table !

Classe les mots suivants selon leur genre : écris les masculins dans l'assiette, les neutres dans le verre et les féminins dans la tasse.

Wurst - Schinken - Butter - Käse - Ei - Marmelade - Honig - Brot - Brötchen

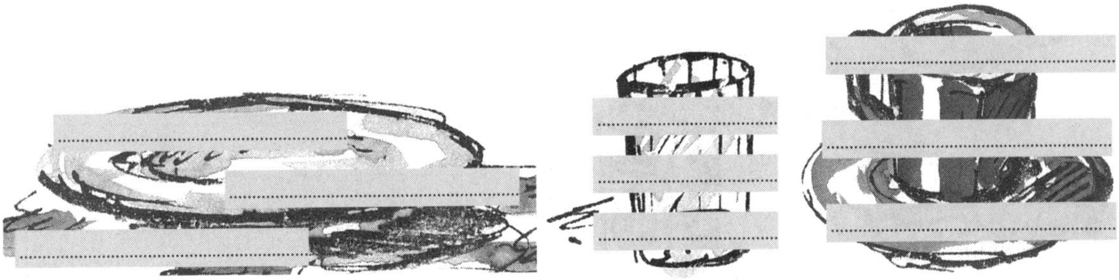

der Teller **das** Glas **die** Tasse

2. Alternative

1. Eine Tasse Tee, oder eine Tasse ....?
2. Zum Mittagessen, oder zum ....?
3. Ein Glas Mineralwasser, oder ein Glas ....?
4. Ein Käsebrot, oder ein ....?
5. Ein Glas Honig, oder ein Glas ....?

3. Qui est qui ?

À l'aide du texte, remplis l'arbre généalogique de la famille Durand :

Die Großmutter heißt Adèle.
Ihre Enkelkinder heißen Pierre, Stéphane, Adeline, Françoise, Chantal und Samuel.
Stéphanes Großvater heißt Louis.
Adèle und ihr Mann haben zwei Kinder, ein Sohn heißt Alain.
Simone hat zwei Kinder : Pierre und Adeline.
Pierres Onkel heißt Jérôme.
Alain hat eine Schwester : das ist Mélanie.

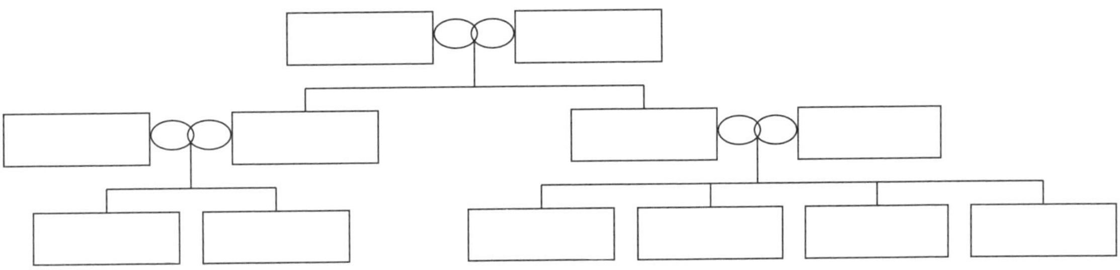

FAIS LE POINT

1. Ton ami Jan Dünn est un peu difficile : il ne mange pas de tout…

Raconte ce qu'il n'aime pas (✗), ce qu'il aime (♥), ce qu'il préfère (♥♥) :

1. ....
2. ....
3. ....
4. ....
5. ....

⚠ (s) Ei → pluriel : die Eier

Si tu as des difficultés, reporte-toi à la rubrique «Merk dir das!», page 62 de ce cahier.

2. Le « Saxon » prioritaire !

Retrouve les expressions allemandes correspondantes :

1. la chambre de Florian : ....
2. le fils de Robert : ....
3. le professeur de français de Florian : ....
4. la voiture de Madame Binder : ....

Pour revoir la relation d'appartenance, relis l'encadré A, p. 62 de ton manuel.

3. Robert chez les Binder : un problème ?

Donne l'équivalent allemand des phrases suivantes.

Robert dort dans la chambre de Florian, ...

mais il aide Florian en français ....

Il ne parle pas bien allemand ....

mais il veut apprendre l'allemand ....

Il sait bien faire la cuisine ....

Si tu as des difficultés, relis le dialogue «Hör zu», p. 56, et l'encadré G, p. 65 de ton manuel.

4. Imagine Monsieur Faul, un vrai paresseux !

Pour parler de ses habitudes et préférences, comment diras-tu :

– *qu'il veut toujours rester à la maison :* Herr Faul ....

– *qu'il sait bien faire la cuisine :* Er ....

– *qu'il ne veut pas faire les courses :* ....

– *qu'il préfère dormir :* ....

– *qu'il ne boit pas de café :* ....

– *qu'il aime le thé avec du lait :* ....

– *qu'il a du temps, mais pas d'argent... :* ....

Si tu ne retrouves pas les groupes infinitifs en allemand, reporte-toi p. 55 de ton manuel. Pour exprimer la quantité indéfinie ou la quantité « zéro », relis l'encadré F, p. 64 de ton manuel ; pour l'expression de la préférence, relis l'encadré «Merk dir das!», p. 62 de ce cahier.

5. La famille Koch : présente-la !

Pour présenter la famille, complète le texte à l'aide des dessins.

1. Herr und Frau Koch wohnen ....

2. Sie haben .... und eine Tochter.

3. .... heißt Bert und .... heißt Silke.

4. Sie haben .... Hund, aber .... Katze.

5. Sie arbeiten die ganze Woche und .... gehen sie einkaufen.

6. Am Sonntag ....

KAPITEL 6

Was können wir Claudia schenken?

1. Akt

1. Die Einladungskarte

MERK DIR DAS!

Observe

un, deux, trois	eins, zwei, drei
le **1er** juin, le 2 juin, le 3 juin	am **1.** Juni, am **2.** Juni, am **3.** Juni
le **premier** juin, le deux juin, le trois juin	am **ersten** Juni, am **zweiten** Juni, am **dritten** Juni
le 15 juin	am *15.* Juni am *fünfzehn***ten** Juni
le 27 juin	am 27. Juni am *siebenundzwangzig***sten** Juni

Déduis

En français, on n'emploie l'adjectif ordinal que pour le .... jour du mois.
En allemand, on l'utilise pour ....

L'adjectif ordinal se forme :
– de 1 à 19 en ajoutant au nombre : *-t- + e(n)*
– à partir de 20 en ajoutant au nombre : *-st- + e(n)*

On indique le rang par un point :

4 → *vier*
am 4. → *am vierten*

Attention :

am 1. → *am ersten*
am 3. → *am dritten*
am 7. → *am siebten*

KANNST DU DAS?

Indique le jour de ton anniversaire :

Ich ....

Donne la date de naissance d'un(e) ami(e) :

....

2. Wen lädt Claudia ein?

Écoute le dialogue entre Claudia et Kim et remplis le tableau en fonction de l'avis de Kim.

Wer soll kommen?	Kim ist einverstanden. Warum?	Kim ist nicht einverstanden. Warum?
1. Torsten	Er kann gut tanzen.	
2. das Schulorchester		
3. Philipp		
4. die Franzosen		
5. die Kusine Andrea		
6. Heiko und Bernd		
7. der Cousin Peter		
8. Florian		

3. Was für eine Fete?

Écoute la discussion entre Claudia et sa mère et coche les cases de la grille.

	kommt.	kommt nicht.	?	hilft.	hilft nicht.	?
Das Schulorchester	X					
Der Handballclub						
Die Briefpartner						
Claudias Mutter						
Kim						
Bernd						
Heiko						
Florian						
Florians Mutter						

4. Ist Claudias Mutter einverstanden?

MERK DIR DAS!

Observe

Du darfst nichts kaputt machen!
Ihr dürft keinen Alkohol trinken!

Déduis

Pour exprimer l'interdiction, on peut utiliser le verbe .... associé à ....

• Pour dire à quelqu'un qu'il ne faut pas qu'il/elle chante trop fort (pour ne pas gêner les voisins), on dira :

Du .... zu laut ....!

et, si on s'adresse à plusieurs personnes :

Ihr .... zu laut ....!

• Pour lui dire qu'il/elle ne doit pas boire de bière (pour ne pas être malade), on dira :

Du .... Bier ....!

KANNST DU DAS?

Suite aux remarques de ta mère, tu interdis à tes amis un certain nombre de choses (qui risqueraient d'avoir des conséquences négatives) :

Deine Mutter sagt dir:	*Du sagst deinen Freunden:*
„Deine Freunde sprechen zu laut.	„Ihr ....
Sie essen zu viel Schokolade.	Ihr ....
Sie trinken zu viel Cola.	Ihr ....
Sie telefonieren zu lange."	Ihr ...."

2. Akt

2. Was können wir ihr schenken?

Complète le texte :

1. Wir können ihr eine Konzertkarte kaufen, ...

2. ...., sie schreibt nämlich gern.

3. Wir können ihr eine Mozartsinfonie kaufen, ...

4. ...., sie hat nämlich einen Walkman.

5. Wir können ihr einen Füller kaufen, ...

MERK DIR DAS!

Observe

Wir können Claudia ein Buch schenken: *Sie liest nämlich gern.*
Mutti, darf ich einen Kuchen backen? *Meine Freundin hat nämlich Geburtstag.*

Déduis

Pour justifier ce que l'on vient de dire ou la question que l'on vient de poser, on peut employer le mot .... dans l'énoncé qui suit.

KANNST DU DAS?

- **On peut justifier le fait que l'on veuille inviter quelqu'un en précisant que cette personne est sympathique :**

Ich will Sven einladen: Er ist ....

- **On peut demander de l'aide à quelqu'un et justifier sa demande en expliquant que l'on n'a pas beaucoup de temps :**

Helfen Sie mir bitte: Ich habe ....

3. Akt

2. Hör zu!

Écoute le dialogue et coche ce que chaque invité offre à Claudia.

	Briefpapier	eine CD	eine Konzertkarte
Florian	☐	☐	☐
Kim	☐	☐	☐
Heiko	☐	☐	☐
die Französin	☐	☐	☐

3. Unter uns gesagt...

Note ici le bilan de la discussion en classe.

....

....

....

MERK DIR DAS!

❶ Pour accueillir un invité, on peut lui dire :

……………………………………………

❷ Pour souhaiter un bon anniversaire, on a plusieurs possibilités :

Ich ……………………………………………

……………………………………………

Alles ……………………………………………

❸ En offrant un cadeau on peut dire :

Ich ……………………………………………

Und hier ……………………………………………

……………………………………………

❹ On peut également chanter

……………………………………………

……………………………………………

❺ Pour remercier on peut dire :

……………………………………………

……………………………………………

……………………………………………

❻ Pour dire que le cadeau te plaît,

– tu peux dire : Es gefällt mir.

– tu peux aussi employer des adjectifs :

Ich finde das …………………, …………………

KANNST DU DAS?

a. Claudia t'a invité(e) à son anniversaire.
Écris-lui une carte dans laquelle…

Liebe Claudia,

tu la remercies pour l'invitation,	……………………………………
tu dis que tu ne peux pas venir,	……………………………………
tu lui souhaites un bon anniversaire,	……………………………………
tu dis que tu as un cadeau pour elle	……………………………………
et que tu l'envoies aujourd'hui.	und ich schicke es dir heute.

b. Ton/ta correspondant(e) t'a envoyé un cadeau pour Noël.
Écris-lui une carte dans laquelle…

tu le/la remercies pour sa lettre	……………………………………
et pour le cadeau,	……………………………………
tu dis que c'est gentil de sa part,	……………………………………
tu dis que ce cadeau te plaît.	……………………………………

Zwischendurch

1. Wann hast du Geburtstag?

Pour chacun de tes camarades qui prend la parole, note ici son prénom et sa date d'anniversaire. Et n'oublie pas de le lui souhaiter, le jour venu !

Ex : Am 23. : Bruno

Januar	Februar	März	April	Mai	Juni
....	....	....	....	....	....
....	....	....	....	....	....
....	....	....	....	....	....
....	....	....	....	....	....

Juli	August	September	Oktober	November	Dezember
....	....	....	....	....	....
....	....	....	....	....	....
....	....	....	....	....	....
....	....	....	....	....	....

3. Alles klar?

Écoute le dialogue et coche la ou les bonne(s) réponse(s) :

1. Claudia macht die Tür auf und sieht
a. ☐ einen Mann.
b. ☐ einen Nachbarn.
c. ☐ einen Freund.

2. Er bringt
a. ☐ Blumen.
b. ☐ einen Brief.
c. ☐ nichts.

> (r) Nachbar(n) : *le voisin*

3. Das ist ein Geschenk von
a. ☐ einem Freund.
b. ☐ Claudias Freunden.
c. ☐ Helmut Holthusen.

4. Wer hat heute Geburtstag?
a. ☐ Claudia
b. ☐ Helmut
c. ☐ Brigitte

5. Das Geschenk ist für
a. ☐ die Nachbarin.
b. ☐ Claudia.
c. ☐ Frau Holthusen.

Grammatik ist Trumpf!

A

Observe

Sonja dankt der Freundin.
Das Geschenk gefällt dem Mädchen.
Ich gratuliere dem Opa zum Geburtstag.
Wir helfen den Kindern in Afrika.

Déduis

Dans ces quatre phrases, les groupes nominaux soulignés sont en fonction .... L'article prend ici la marque .... lorsque le nom est masculin ou neutre, et la marque .... lorsque le nom est féminin.
Au pluriel, la marque est .... ; on la trouve sur le .... et le ....
Le cas qui est marqué ainsi s'appelle le ....
Dans ce chapitre, les quatre verbes qui ont ce type de complément sont : ...., ..., ..., ...

1 Complète par le groupe entre parenthèses à la forme voulue.

1. Das Geschenk gefällt .... sehr. *(die Freundin)*
2. Kim soll .... helfen. *(die Mutter)*
3. Wir gratulieren .... zum Geburtstag. *(der Opa)*
4. Der Lehrer dankt .... für das Geschenk. *(die Schüler)*

B

Observe

Und ich? Wer kann mir helfen?
Und du? Wer kann dir helfen?
Und er? Wer kann ihm helfen?
Und sie? Wer kann ihr helfen?
Und wir? Wer kann uns helfen?
Und ihr? Wer kann euch helfen?
Und sie/Sie? Wer kann ihnen/Ihnen helfen?

Déduis

Les pronoms personnels au datif sont :

nominatif	*datif*	*nominatif*	*datif*
ich	→	**wir**	→ ....
du	→	**ihr**	→ ....
er/es	→	**sie/Sie**	→ ....
sie	→		

❷ Complète les phrases suivantes par le pronom à la forme voulue.

1. Ich will einen Kuchen backen! Wer kann .... helfen?

2. Du, Kim! Die CD ist toll! Ich danke ....!

3. Die Oma geht einkaufen, ich helfe ....

4. Der Opa ist 60: Wir gratulieren .... zum Geburtstag.

5. Der Lehrer sagt: „Kinder, ich danke .... für das Geschenk!"

6. Die Großeltern schicken Claudia Geld: Sie dankt ....

7. „Frau Manz, haben Sie ein Problem? Kann ich .... helfen?"

8. Wir finden Robert nett: Er schenkt .... immer Schokolade.

C

Observe

Inge will dem Opa einen Füller schenken.
Peter will der Oma eine Theaterkarte schenken.

Déduis

Le verbe schenken a deux groupes nominaux compléments.

• Le groupe nominal qui désigne « la chose offerte » a un article qui porte la marque .... au masculin, et la marque .... au féminin ; ce sont les marques de ....

• L'autre groupe nominal, qui désigne « la personne .... » a un article qui porte la marque .... au masculin et la marque .... au féminin : ce cas s'appelle ....

Récapitule

Les verbes *geben, verkaufen, schenken* ont ceci en commun :

....

....

....

....

....

❸ Précise le destinataire de chaque objet à l'aide de l'indication donnée entre parenthèses.

1. Das Wörterbuch schenkt sie .... (der Brieffreund)
2. Die Pralinen gibt sie .... (die Kinder)
3. Die CD schenkt sie .... (der Lehrer)
4. Den Füller schenkt sie .... (der Opa)
5. Die Theaterkarte schenkt sie .... (die Mutter)

❹ Fais des phrases indiquant ce que Tina a prévu d'offrir à Noël.

Exemple: **für Vati**

1. Tina schenkt dem Vater ein Buch.

für Mutti

2. Sie schenkt ....
....

für Opa

3. Sie ....
....

für Oma

4. Sie ....
....

für Vati

5. Sie ....
....

❺ Complète par le pronom à la forme qui convient.

1. Der Opa? Ich schenke .... eine Krawatte!
2. Die Mutti? Ich schenke .... ein Backbuch!
3. Robert? Ich kann .... ein Wörterbuch schenken!
4. Claudia? Ich schenke .... eine CD!
5. Die Großeltern? Ich schenke .... Pralinen!

D **Observe**

Mutti, back(e) mir bitte einen Kuchen!
Kinder, gebt mir eine Antwort!
Vati, hilf mir, bitte!
Oma, nimm doch ein Stück Kuchen!
Frau Manz, sprechen Sie bitte nicht so schnell!

Déduis

Pour former l'impératif, on ajoute au radical du verbe
– au singulier la marque ...., facultative, et
– au pluriel la marque ....
Pour les verbes forts en -e-, la voyelle du radical change au singulier et devient
....
Pour la forme de politesse, on emploie la même forme qu'au ....,
suivie du pronom ...., qui s'écrit avec ....

E **Observe**

Du darfst heute fernsehen!
Darf ich bitte noch ein Glas Cola haben?
Ihr dürft nicht so laut singen!
Ich darf keinen Kuchen essen...

Déduis

• Le verbe *dürfen* sert à exprimer ....
Sa conjugaison est irrégulière comme celle des autres verbes de modalité :

ich	darfØ	wir	....
du	....	ihr	....
er/sie	....	sie/Sie	....

• Lorsque la phrase est négative, on exprime alors le contraire, c'est-à-dire
....

❻ Demande l'autorisation, pour toi seul, puis pour toi et tous tes amis, de faire ce qui est indiqué dans les groupes infinitifs :

Ex. : ein paar Freunde einladen → Darf ich ein paar Freunde einladen?
→ Dürfen wir alle ein paar Freunde einladen?

1. am Sonntag lange schlafen
→ ....
→ ....

2. mit dem Computer spielen
→ ....
→ ....

3. am Abend ins Konzert gehen
→ ....
→ ....

4. viel Schokolade essen
→ ....
→ ....

5. Gitarre spielen und singen
→ ....
→ ....

F

Observe

*Freunde ein**laden***
*Claudia **lädt** ihre Freunde ein.*

*CDs mit**bringen***
***Bring** bitte CDs mit!*

Déduis

Lorsque le verbe est accompagné d'un préverbe, seul le verbe conjugué ....
....

Note tous les verbes de ce type que tu as déjà rencontrés :

apporter ....
emporter ....
participer ....
accompagner quelqu'un ....
ouvrir ....
faire attention ....
inviter ....

7 **Fais des phrases interrogatives avec les éléments donnés.**

Exemple : Florian? den Brieffreund einladen? → Lädt Florian den Brieffreund ein?

1. Du? Immer aufpassen? ....

2. Claudia? die ganze Klasse einladen? ....

3. Kim? CDs mitbringen? ....

4. Herr und Frau Binder? mitmachen? ....

5. Du? die Flöte immer mitnehmen? ....

6. Florian? die Gitarre immer mitnehmen? ....

7. Ihr? die Musikinstrumente mitnehmen? ....

Wortschatz

1. Avant ou pendant ?

Classe ces actions selon qu'elles doivent être faites avant ou pendant la fête.

avant	pendant
Freunde einladen	....
....	....
....	....
....	....
....	....
....	....

Freunde einladen,
ein Geburtstagslied lernen,
ein Geburtstagslied singen,
mit den Freunden spielen,
ein Geschenk kaufen,
einen Kuchen backen,
tanzen,
Getränke servieren,
Luftballons einkaufen

2. Le jour et la nuit

Peter et Johannes sont le contraire l'un de l'autre. Complète le texte par les adjectifs qui conviennent.

Peter ist **sympathisch**, aber Johannes ist unsympathisch.

Peter ist **freundlich**, aber Johannes ist ....

Peter ist ...., aber Johannes ist **nicht nett.**

Peter ist ...., aber Johannes ist **uninteressant.**

Peter ist **sportlich**, aber Johannes ist ....

Peter ist **unmusikalisch**, aber Johannes ist ....

FAIS LE POINT

1. Immer ich!

Retrouve les ordres que Frau Binder donne à Florian.

1. Frau Binder: Florian, ……………………………………………………………

Florian: Warum soll **ich** den Tisch decken?

2. Frau Binder: Florian, ……………………………………………………………

Florian: Warum soll **ich** Robert helfen?

3. Frau Binder: Florian, ……………………………………………………………

Florian: Warum soll **ich** das Bier für Robert holen?

4. Frau Binder: Florian, ……………………………………………………………

Florian: Warum soll **ich** mit Robert bleiben?

5. Frau Binder: Florian, ……………………………………………………………

Florian: Warum soll **ich** Robert mein Zimmer geben?

Si tu ne sais plus comment on exprime l'ordre, relis le paragraphe D et refais les exercices 6 et 7, p. 78 de ton manuel.

2. Geschenke für deine Lehrer und Lehrerinnen

Voici des idées de cadeaux pour tes professeurs. À quel professeur destines-tu tel cadeau ?

(e) Schlange

Meinem Deutschlehrer schenke ich ……………………………………………………

……………………………………………………………………………………………

……………………………………………………………………………………………

……………………………………………………………………………………………

……………………………………………………………………………………………

Si tu ne sais plus comment on exprime cela, relis le paragraphe C et refais les exercices 3, 4 et 5, p. 77 de ton manuel.

3. Arme Kinder!

Imagine que tu habites dans l'horrible ville où se situe ce jardin public. Tu y conduis ton correspondant et tu lui expliques tout ce qui est interdit.

1. ....

2. ....

3. ....

4. ....

5. ....

Si tu ne sais plus comment on exprime l'interdiction, relis le paragraphe E p. 78 de ton manuel et refais les exercices 8 et 9, p. 79.

4. Ach, dieser Heiko!

Heiko veut organiser une fête lui aussi. Mais il n'a pas ton talent d'organisateur. Aide-le!

1. Dis-lui qu'il doit inviter les Français:

....

2. Dis-lui que tu te charges des boissons:

....

3. Dis-lui que Kim apporte les disques:

....

4. Dis-lui qu'il doit acheter du pain et du beurre pour les toasts:

....

5. Dis-lui que ses copains peuvent l'aider:

....

Si tu ne retrouves pas les mots et expressions, relis l'encadré « Hör und wiederhole », p. 68 de ton manuel.

KAPITEL 7

Wer ist der Dieb?

1. Akt

1. Was hat Frau Wieneck bemerkt?

a. Écoute le témoignage de Frau Wieneck et numérote les vignettes dans l'ordre des événements. Puis écris en légende ce qui s'est passé :

1. Frau W. hat ....

2. ....

3. ....

4. ....

5. ....

6. ....

7. ....

- gekauft haben
- bemerkt haben
- nach rechts und nach links gesehen haben
- gehört haben
- losgefahren sein
- gefragt haben
- gekommen sein

b. En utilisant *dann*, récapitule ce que Frau Wieneck a vu :

Frau Wieneck ....

Dann ....

....

....

....

3. Wie sieht der Dieb aus?

a. Écoute Frau Wieneck et entoure dans le tableau les indications correspondant à la description du voleur.

alt sein	jung sein
klein sein	groß sein
dick sein	schlank sein
lange Haare haben	kurze Haare haben
einen Bart haben	keinen Bart haben
eine Brille aufhaben	keine Brille aufhaben
einen Mantel anhaben	keinen Mantel anhaben

b. Tu es le commissaire. Récapitule ce que tu viens d'apprendre sur l'aspect physique du voleur :

Der Dieb ist ....

....

....

....

....

4. Was steht in der Zeitung?

a. Voici les nombres présents dans le texte. Quel type d'indication donnent-ils ?

Indication	d'une quantité	d'un prix	d'un âge	de temps
24				
13 Uhr 45				X
63				
Zwanzig				
5000				
500				
43				
1000				

b. En complétant les phrases suivantes, raconte ce qui s'est passé :

1. *bei Kittersport 5 000 Tafeln Schokolade kaufen*

→ Der Supermarkt .... bei Kittersport ....

2. *auf dem Parkplatz vor dem Kaufhof parken*

→ Herr Fleck .... auf dem Parkplatz vor dem Kaufhof ....

3. *den Portier fragen* → Er .... den Portier ....

MERK DIR DAS!

Observe

Zuerst *hat er einen Automaten gesucht,* **dann** *hat er Getränke geholt,* *und* **dann** *hat er eine Zeitung gekauft. Zwanzig Minuten* **später** *war er wieder auf dem Parkplatz, aber* **da** *war sein Lkw weg!*

Déduis

Pour marquer les différentes étapes de ce qu'on raconte, on peut employer :

(adverbes allemands)	(équivalents français)
....	....
....	....
....	....
....	....

Dans une phrase déclarative, ces adverbes occupent souvent la .... place et sont alors obligatoirement suivis ....

2. Akt

1. Frühstück bei Binders

En utilisant les groupes infinitifs ci-dessous, décris l'image du manuel (p. 84) :

(r) Brotkorb : *la corbeille à pain*

1. am Frühstückstisch über den Zeitungsartikel sprechen
2. die Zeitung lesen
3. das Phantombild von dem Dieb sehen
4. seinem Vater den Brotkorb geben
5. ein Brötchen nehmen
6. ein Brötchen mit Butter und Käse essen

2. Hör zu!

Écoute le dialogue et coche les informations vraies.

- ☐ Heute Abend darf Florian fernsehen.
- ☐ Am Morgen ist Florian nicht in Form.
- ☐ Frau Binder liest die Zeitung und sieht das Phantombild.
- ☐ Frau Binder meint, Robert ist der Dieb.
- ☐ Herr Binder ist mit Frau Binder einverstanden.
- ☐ Robert interessiert sich nicht für die Firma Kittersport.
- ☐ Frau Binder versteht nicht, warum Robert so lange bei ihnen bleibt.
- ☐ Frau Binder sieht gern Kriminalfilme.

3. Unter uns gesagt...

Note ici les arguments de Frau Binder et les tiens :

Warum denkt Frau Binder gleich an Robert?	Was meinst du?

MERK DIR DAS!

Observe

– *Warum bleibt Robert so lange bei Binders?*
– *Weil er gern in Deutschland ist!*

Déduis

La conjonction de subordination *weil* sert à exprimer ....
La proposition subordonnée introduite par *weil* répond à la question ....
Comme dans le groupe infinitif, le verbe conjugué de la subordonnée se trouve ....

KANNST DU DAS?

Explique tout cela :

1. Kai hat schlechte Noten, weil ....
2. Robert möchte 30 Pfennig, weil ....
3. Claudia lädt viele Leute ein, weil ....
4. Robert bleibt so lange bei Florian, weil ....
5. Robert interessiert sich für Schokolade, weil ....

3. Akt

2. Was hat Robert am Donnerstag gemacht?

• Recherche sur les tickets de caisse (p. 85 de ton manuel) ce qu'a acheté Robert et complète les phrases.

1. In der Buchhandlung hat er ....
....
2. Bei Aldi ....
3. Im Kaufhof ....

• À l'aide des tickets de caisse et du journal de Claudia, retrouve les lieux où se trouvait Robert le jeudi 24.

1. Am 24. Oktober um 10 Uhr war Robert ....
2. Um 11 Uhr 30 ....
3. Um 12 Uhr 05 ....
4. Um 14 Uhr ....
5. Um 18 Uhr 20 ....

4. Alles klar?

Après avoir entendu la conversation entre Peter et Inge Binder, coche la ou les bonnes réponses :

1. Bernd
- ☐ hat den Dieb gesehen.
- ☐ ist ein Kollege von Herrn Fleck.
- ☐ ist ein Polizist.

2. Wer ist mit dem Lkw losgefahren?
- ☐ Bernd.
- ☐ Ein Polizist.
- ☐ Wir wissen es nicht.

3. Warum ein Streich?
- ☐ Es war der 1. April.
- ☐ Es war Herrn Flecks Geburtstag.
- ☐ Es war der erste Arbeitstag von Herrn Fleck bei Kittersport.
- ☐ Es war der letzte Arbeitstag von Herrn Fleck bei Kittersport.

4. Wie alt ist Herr Fleck?
- ☐ 24 ☐ 42
- ☐ 63 ☐ 36

5. Lies mal!

Lis attentivement l'article de journal et coche le(s) sujet(s) de chaque phrase.

Herr Weigold	Herr Carstens	Frau Bach	Der Computer	Der Kommissar	
					ist/sind schon um 8 Uhr im Büro.
					hat/haben keinen Computer mehr.
					war/waren am Freitag noch da.
					ruft/rufen die Sekretärin.
					kann/können dem Direktor nicht helfen.
					ruft/rufen die Polizei an.
					kommt/kommen 15 Minuten später.
					hört/hören eine Stimme.
					sagt/sagen: „Bitte, machen Sie die Tür auf!"
					bringt/bringen den Computer zurück.

Grammatik ist Trumpf!

A

Observe

(viel arbeiten)	*Frau W.*	***hat***	*heute °viel* ***gearbeitet.***
(Wurst kaufen)	*Dann*	***hat***	*sie °Wurst* ***gekauft.***
(etwas bemerken)	*Sie*	***hat***	*°etwas* ***bemerkt.***
(einen Mann hören)	*Später*	***hat***	*sie einen °Mann* ***gehört.***

Déduis

Le parfait s'emploie pour décrire une action qui est .... au moment où on parle.

Le parfait est composé d'un auxiliaire conjugué et d'un participe II.

Dans une phrase déclarative, l'auxiliaire est toujours à la .... place et le participe est en .... position.

1 Terminé ou non ? Coche la case qui convient.

	terminé	*en cours*
1. Frau Wieneck wohnt in Stuttgart.	☐	☐
2. Sie hat heute gearbeitet.	☐	☐
3. Dann hat sie Wurst gekauft.	☐	☐
4. Der Polizist stellt Frau Wieneck Fragen.	☐	☐
5. Frau Wieneck antwortet gern.	☐	☐
6. Sie hat etwas bemerkt.	☐	☐
7. Dann hat sie den Lkw gehört.	☐	☐
8. Jetzt ist sie immer noch nervös!	☐	☐

B

Observe

hören	Frau W. hat etwas **gehört.**
bemerken	Sie hat einen Mann **bemerkt.**
telefonieren	Der Fahrer hat **telefoniert.**

Déduis

Le participe II se forme en ajoutant au radical du verbe la marque .... devant le radical et la marque .... derrière.

Lorsque le verbe n'est pas accentué sur la première syllabe, la seule marque est ....

❷ Le jeu du lasso. L'auxiliaire et le participe II vont se faire attraper. Entoure-les !

Ex. : Frau W. (hat) einen Lkw (gehört) .

1. Frau W. hat heute bis 13 Uhr 30 gearbeitet.
2. Dann hat sie Wurst und Schinken gekauft.
3. Dann hat sie auf dem Parkplatz etwas bemerkt.
4. Sie hat sich gefragt: «Was macht denn dieser Mann da?»
5. Dann hat sie den Lkw-Fahrer gehört.

❸ Mission accomplie ! Forme des participes II avec les verbes donnés.

machen	→ schon gemacht!	kaufen	→ ....
fragen	→	schenken	→ ....
sagen	→	spielen	→ ....
arbeiten	→	telefonieren	→ ....

❹ Madame Stockinger fait le bilan de la fête… Fais des phrases au parfait.

die Kinder – *Musik machen* → Die Kinder haben Musik gemacht.

1. Kim – *Flöte spielen*

→ ....

2. Claudia – *Klavier spielen*

→ ....

3. die Kinder – *viel tanzen*

→ ....

4. Florian – *Claudia eine CD schenken*

→ ....

5. Kim – *ihrer Freundin Briefpapier schenken*

→ ....

6. Claudia – *ihren Freunden «Danke schön» sagen*

→ ....

C **Le prétérit** sert à situer une action dans ....

SEIN	HABEN
Ich war nervös.	Ich hatte ein Problem.
Du	Du ....
....	....
....	....
....	....
....	....
....	....

❺ **Tout ça, c'est du passé ! Complète les phrases suivantes en mettant le bon verbe *(sein ou haben)* au prétérit :**

1. Gestern .... Florian ein Problem. – **2.** Er .... so viel zu tun und .... so im Stress! – **3.** Seine Eltern .... nicht da, und sein Brieffreund .... auch weg. – **4.** Aber seine Freunde .... alle nett und .... viel Zeit: Also haben sie ihm geholfen. – **5.** Am Abend .... alles wieder in Ordnung. – **6.** Florian .... drei Tafeln Schokolade und Cola zu Hause. – **7.** Kai .... CDs in seinem Rucksack: Es .... wieder lustig!

D **Observe**

Ich muss schnell nach Hause gehen.

Déduis

Le verbe .... indique qu'une action est .... ou ....

Il est accompagné d'un ....

Il se conjugue comme les autres ....

Son infinitif est ....

ich	*muss*	*wir*	....
du	....	....	....
.... /	....	.... /	....

❻ Devoir oblige ! Justifie en employant le verbe *müssen*.

träumen: *rêver*

Ex. : Ich kann nicht mitkommen (*meiner Mutter helfen*)
→ Ich **muss** *nämlich meiner Mutter helfen.*

1. Meine Freundin hat keine Zeit. (*ihre Vokabeln lernen*)

....

2. Wir können jetzt nicht spielen. (*für unsere Oma einen Kuchen backen*)

....

3. Du kannst heute nicht mitkommen. (*deinen Großeltern einen Brief schreiben*)

....

4. Kai kann bei Frau Manz nicht träumen. (*Fragen stellen und Französisch sprechen*)

....

5. Ich kann jetzt keine Karten schreiben. (*mit meinen Eltern einkaufen gehen*)

....

6. Die Eltern können am Mittwoch nicht zu Hause bleiben. (*arbeiten*)

....

E

Observe

Was macht der Fahrer? Warum?
Der Fahrer macht eine Pause, ***weil*** *er jetzt müde* ***ist***.

Déduis

La subordonnée introduite par *weil* fait suite à la question .... qui interroge sur ....

Le verbe conjugué de la subordonnée se place toujours ....

❼ On se demande bien pourquoi… Tu as le choix, donne une raison !

Geburtstag haben – in Leipzig wohnen – im Unterricht träumen – gut tanzen – Musik mögen

Ex. : Kai hat schlechte Noten, warum?
→ Kai hat schlechte Noten, weil er im Unterricht träumt!

1. Kai hat viele CDs, warum?
→ ....

2. Claudia lädt viele Leute ein, warum?
→ ....

3. Claudia lädt auch Heiko ein, warum?
→ ....

4. Sie lädt Marina nicht ein, warum?
→ ....

F

Observe

*Kai geht **mit** seinen Eltern einkaufen.*
*Die Lehrerin kann **ohne** ihre Brille nicht lesen.*

Déduis

La préposition *mit* signifie ici .... et est toujours suivie ....
La préposition *ohne* signifie ici .... et est toujours suivie ....

8 Avec ou sans ?

a. Complète par la préposition voulue.

1. Ich kann .... Brille nicht lesen. – **2.** Ich kann .... Lampe nicht sehen! – **3.** Trinken Sie Kaffee .... oder .... Milch? – **4.** Ich war .... meinen Eltern im Kino. – **5.** Schreibst du auch gern .... einem Füller? – **6.** Ich kann Käse nicht .... Brot essen.

b. Complète en ajoutant la marque de cas nécessaire.

1. Ich muss mit d.......... Klassensprecherin telefonieren. – **2.** Der Mann ist mit d.......... Lkw losgefahren. – **3.** Die Frau kann ohne ihr.......... Brille nicht gut sehen. – **4.** Die Lehrerin hat mit d.......... Eltern telefoniert. – **5.** Die Schüler können auch die Vokabeln ohne d.......... Lehrer lernen!

Wortschatz

1. Pour décrire l'aspect physique de quelqu'un :

Complète les oppositions suivantes et apprends-les :

alt sein / .... sein
.... sein / groß sein
dick sein / .... sein
.... haben / keinen Bart haben
eine Brille tragen / ....
lange Haare haben / ....

2. Le monde du travail

Indique en allemand le métier de la personne correspondant à ces actions :

Métier	Actions
....	den Dieb suchen, ein Phantombild machen, Fragen stellen
....	Briefe schreiben, auf die Post antworten, am Computer arbeiten
....	Informationen suchen, Artikel schreiben, Fragen stellen

3. Mots croisés

1. Herr Fleck hat seinen .... hinter dem Kaufhof geparkt.
2. Frau Binder meint: Robert .... der Dieb.
3. Kittersportschokolade schmeckt ....
4. Die Kinder meinen, Robert ist nicht der ....
5. Ist der Dieb dick oder ....?
6. Der Dieb hatte keinen Anorak an, er hatte einen .... an.
7. Herr Binder arbeitet für die .... Kittersport.
8. Ist der Dieb alt oder ....?
9. Warum denkt Frau Binder, Robert ist der Dieb? .... er viele Fragen über die Firma stellt.
10. Ohne .... kann ich nicht lesen.
11. Frau Wienek hat einen Mann ....
12. Iss doch nicht so viel Schokolade! Du bist schon so ....!
13. Robert hat ein ...., er war nämlich am Donnerstag Nachmittag in der Schule.
14. Wie .... ist Robert? 60 oder 16?
15. Viele Männer tragen einen ...., aber nicht alle.
16. Eine .... von 1000 DM, das ist viel Geld.
17. .... bleibt Robert so lange bei Binders? Weil es ihm in Deutschland gut gefällt.
18. Groß oder ....?
19. Wer ist der Dieb? Wisst .... das?
20. Auf welchem .... kommt der Zug an?
21. .... kann der Polizei helfen? Die Kinder bestimmt.
22. Herr Fleck ist Lkw-Fahrer. Er .... dem Supermarkt Schokolade.
23. Frau Binder sieht das .... in der Zeitung und sagt: „Das ist Robert!"

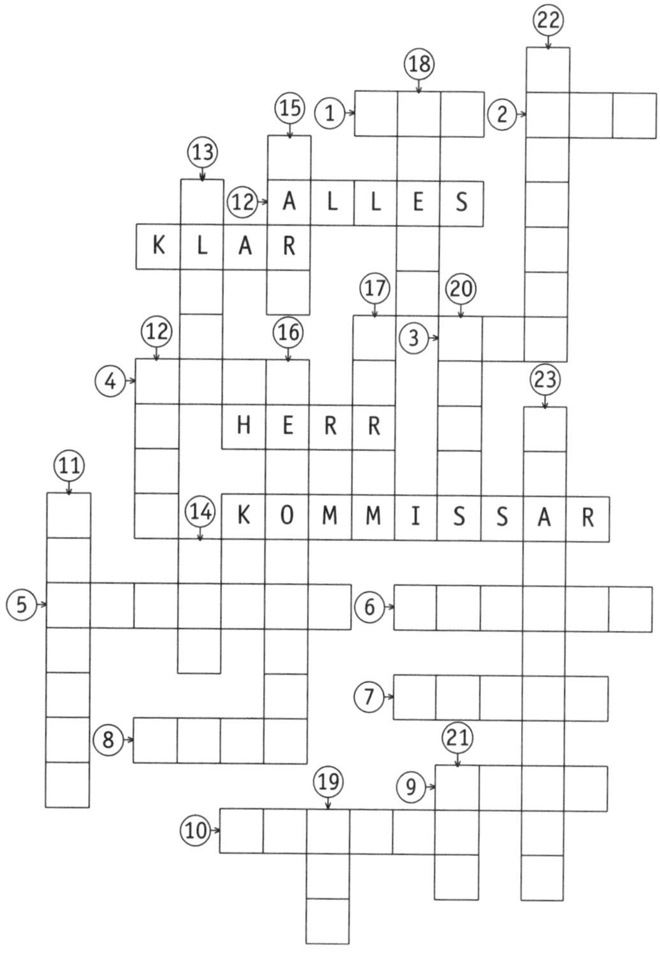

FAIS LE POINT

1. Le correspondant parfait

Jan, 13 ans, se rend chez son correspondant français. Ses parents lui ont dressé une liste de tout ce qu'il doit faire pour donner bonne impression.

Le premier soir, Jan fait le point de tout ce qu'il a fait :

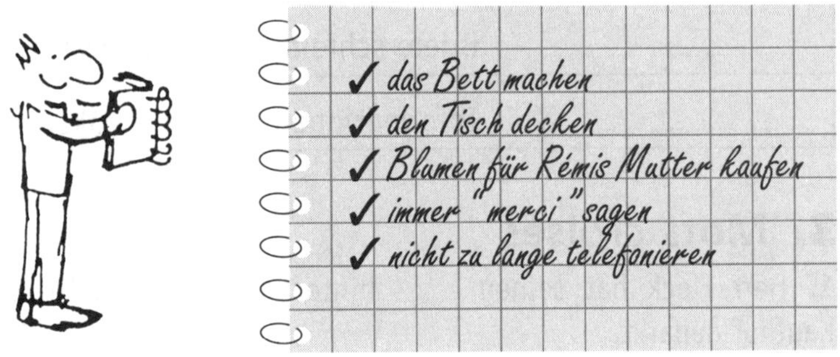

Ich ....

Ich ....

Ich ....

Ich ....

Ich ....

As-tu bien utilisé le temps qui convient pour parler d'une action terminée ? As-tu utilisé ce temps correctement (forme et place du verbe) ? Si ce n'est pas le cas, relis les paragraphes A et B et refais l'exercice 1, p. 89 de ton manuel.

2. Qui sont ces invités originaux ?

Tu es invité(e) à une fête et veux savoir qui sont les personnes qui sont là. Pose la question en les désignant par leur signe distinctif.

(r) Rucksack
(r) Walkman
(e) Brille
(e) Kappe
(s) Skateboard
(r) Tennisschläger

Wer ist der Junge ....

....

....

....

....

As-tu utilisé la préposition qui convient ? As-tu fait des erreurs sur la marque du cas ? En cas d'erreurs ou de difficultés, relis le paragraphe F et refais l'exercice 7, p. 91 de ton manuel.

3. Signe particulier

Décris les personnages ci-dessous en complétant les légendes.

Si tu as des difficultés, reporte-toi à l'activité 3, p. 83 de ton manuel.

4. Obligations professionnelles

Voici ce que les personnes suivantes sont obligées de faire. Trouve ce qu'elles disent.

1. **M. Fleck** doit livrer 500 kg de chocolat.

«Ich ....»

2. **Les inspecteurs du commissaire Kuhn** doivent trouver le voleur rapidement.

«Wir ....»

3. **Le journaliste** doit écrire un article.

«Ich ....»

4. **La secrétaire** doit appeler sa collègue (au téléphone).

«Ich ....»

Si tu as des difficultés pour exprimer l'obligation, relis le paragraphe D et refais l'exercice 3, p. 90 de ton manuel.
Pour le vocabulaire, refais l'activité «Wortschatz», p. 92 de ton manuel.

KAPITEL 8
Wo bleiben denn unsere Partner?

1. Akt

1. Wohin denn...?

MERK DIR DAS!

Pour dire ce qu'on voudrait acheter :	Ich .... gern...
Pour indiquer la taille ou la pointure :	Ich brauche (die) .... 39.
Pour demander le prix :	Wie viel .... es?
Pour dire qu'on trouve quelque chose trop cher :	Es ist mir zu ....!
Pour dire qu'un article plaît :	Es .... mir.
et qu'on le prend :	Ich .... es (ihn/sie).

KANNST DU DAS?

Tu veux acheter un T-shirt pour ton frère. Que diras-tu à la vendeuse ?

Du: Ich, ...

Die Verkäuferin: Welche Größe?

Du: ....

Die Verkäuferin: *(sucht)* Schau mal hier! Gefällt es dir?

Du: ....

Die Verkäuferin: Fünfundzwanzig Euro.

Du: ....

Die Verkäuferin: *(sucht)* Ach, da!... Das hier kostet nur fünfundzwanzig Euro!

Du: .... Ich gehe gleich an die Kasse.

2. Hör zu!

Écoute et note ce que les enfants ont cherché et ce qu'ils ont acheté.

	hat .... gesucht	hat .... gekauft
Heiko	....	....
Kim	....	....
Claudia	....	....

MERK DIR DAS!

Observe

Haben Sie Hunger? Möchten Sie etwas essen?
Haben Sie Durst? Möchten Sie etwas trinken?
Sind Sie müde? Möchten Sie eine Stunde schlafen?

Déduis

Pour dire qu'on a faim, on dira : *Ich* ....

Pour dire qu'on a soif, on dira : *Ich* ....

Pour dire qu'on est fatigué ou qu'on a sommeil, on dira : *Ich* ....

KANNST DU DAS?

Dans le dialogue (manuel p. 95), Claudia dit qu'elle est fatiguée, qu'elle « n'en peut plus » et même qu'elle est « crevée ». Quant à Kim, elle insiste sur sa faim de loup ! Retrouve les expressions.

2. Akt

2. Kann die Infodame helfen?

a. Écoute le dialogue et complète les réponses de Mme Stockinger.

Die Infodame	Frau Stockinger antwortet:
will wissen, wo Claudia ist.	„Meine Tochter .... Sie ist ...."
meint, dass die deutschen Briefpartner nicht mehr im Kaufhof sind.	„Sie sind bestimmt nicht weit. Die Französin ...."
sagt, dass der Kaufhof groß ist.	„Dann soll sie .... Claudia ...."

3. Wo bleibt mein Partner / meine Partnerin?

MERK DIR DAS!

Observe

Wir treffen uns um halb drei am Bahnhof!
Ich hole dich um acht Uhr ab!
Ich bin um vier verabredet!
Tschüs! Bis heute Abend!
Wir sehen uns morgen!

Déduis

Pour	Tu diras :
– fixer un rendez-vous :	*Wir* ....
– dire à quelqu'un que tu passes le prendre :	*Ich*..
– dire que tu as rendez-vous :	....
– dire « À ce soir ! » :	....
ou, plus familièrement, « Salut ! » :	....

KANNST DU DAS?

Deux amis, Christoph et Jan, veulent se retrouver pour aller à la piscine. Imagine leur conversation.

Christoph propose à Jan d'aller à la piscine :	Du, Jan, wir gehen heute schwimmen. Kommst du mit?
Jan accepte en disant qu'il aime bien nager :	Ja! ....
Christoph propose un rendez-vous à 3 h et demie : Il dit à Jan qu'il viendra le chercher :	Gut. Dann ....
Jan dit qu'il a déjà rendez-vous à trois heures avec son cousin et qu'il l'emmènera :	....
Christoph est d'accord et dit au revoir :	....
Jan répond « Salut ! Et à cet après-midi ! »	....

2. Habt ihr schon…?

a. Écoute les conseils que donne la dame à nos trois amis. L'ont-ils déjà fait ou non ? Coche la case qui convient.

Sie haben schon …	Sie haben noch nicht…	
		am Ausgang geschaut.
		im vierten Stock gesucht.
		im Untergeschoss gesucht.
		in die Cafeteria geschaut.
		die Verkäufer gefragt.
		nach Hause telefoniert.
		eine Durchsage gemacht.

schon : *déjà*
noch nicht : *pas encore*

3. Unter uns gesagt…

Note ici le bilan de la discussion en classe.

....

....

....

....

4. Ende gut, alles gut!

Imagine :

- à quel étage tu es allé(e) : „Ich ....
- ce que tu as cherché : ....
- qu'une vendeuse t'a aidé(e) : ....
- ce que tu as finalement acheté : ....
- quel prix tu as payé ton achat : ....
- à quelle heure tu étais à la sortie : ....“

2. Um wie viel Uhr?

Écoute les messages que Florian a reçus sur son répondeur et complète les horloges.

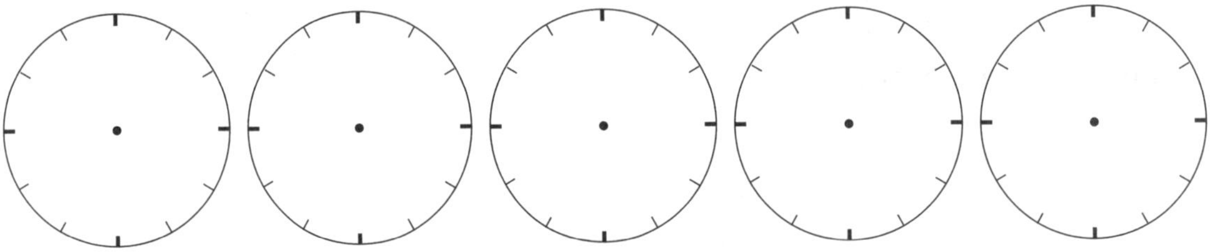

am Kaufhof — auf dem Fußballplatz — vor dem Bahnhof — am Supermarkt — Orchesterprobe

MERK DIR DAS!

Observe

Es ist drei.

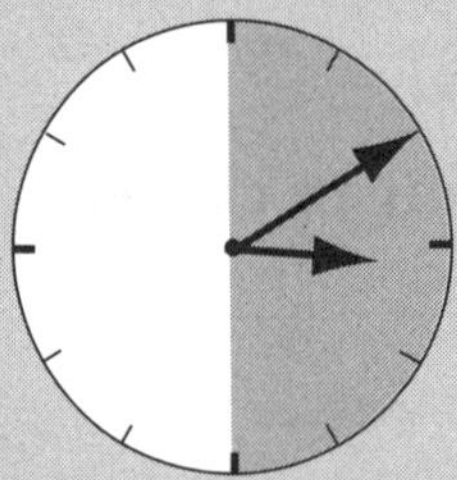

Es ist zehn nach drei.

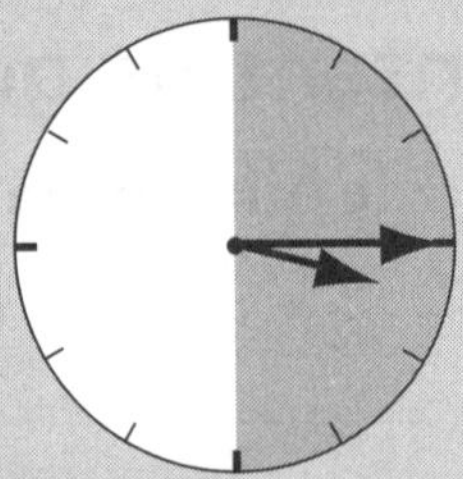

Es ist Viertel nach drei.

Es ist halb vier.

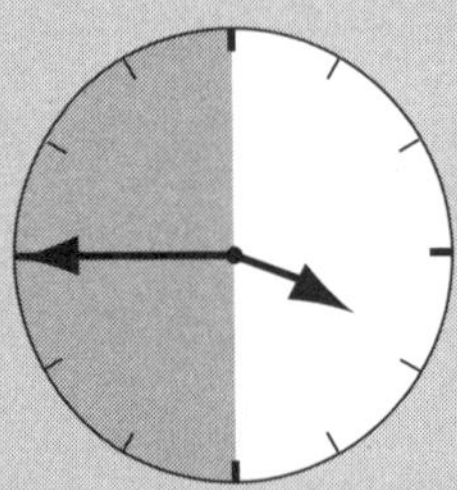

Es ist Viertel vor vier.

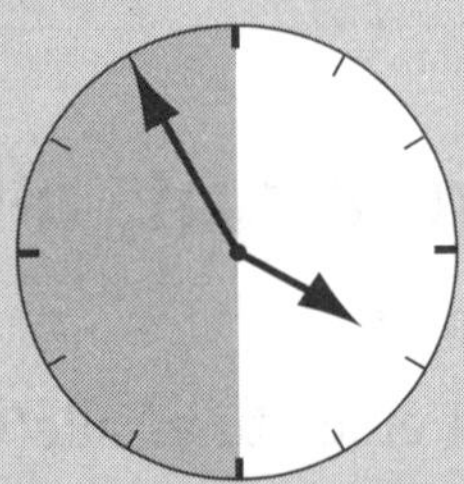

Es ist fünf vor vier.

Déduis

Quand la grande aiguille est dans la partie droite du cadran, on utilise la préposition ...., qui signifie *après*, suivie du chiffre de l'heure.

Quand la grande aiguille est dans la partie gauche du cadran, on utilise la préposition ...., qui signifie *avant*, suivie du chiffre de l'heure.

Pour les demi-heures, l'allemand se situe par rapport à l'heure suivante, qu'il fait précéder du mot ....

5. Alles klar?

Écoute la conversation entre nos trois amis et coche la bonne réponse :

1. Was macht Kai?

☐ Er ist auf der Toilette.
☐ Er sucht sein Portemonnaie.
☐ Er ist in der Sportabteilung.

2. Warum hat Heiko ein Problem?

☐ Sein Portemonnaie ist weg.
☐ Sein Rucksack ist weg.
☐ Sein Freund ist weg.

3. Warum lachen alle Freunde?

☐ Kai hat kein Geld.
☐ Heikos Portemonnaie war auf der Toilette.
☐ Kais Hose ist kaputt.

Grammatik ist Trumpf!

A

Observe

Ich gehe ***ins*** *Badezimmer.*
Gehen Sie ***in den*** *dritten Stock!*

Gehst du bitte ***ans*** *Telefon?*
Gehen Sie ***an*** *die Kasse!*
Ich gehe ***auf*** *die Straße.*

Déduis

Pour dire que l'on entre dans un lieu fermé, on emploie la préposition ....

Pour dire que l'on va se placer tout près d'un lieu, on emploie la préposition ....

Pour dire que l'on va se placer dans un lieu ouvert, on emploie la préposition ....

Ces trois prépositions sont suivies de .... quand elles expriment une relation directive.

Observe

Wir fahren ***nach*** *Deutschland.*
Fährst du jetzt ***nach*** *Hause?*

Déduis

Pour exprimer une relation directive, on emploie la préposition .... lorsque le nom qui suit n'est pas précédé ....

❶ Je peux y aller ? Demande l'autorisation !

(e) Küche Darf ich in die Küche gehen?

(e) Sportabteilung ....

(r) Park ....

(s) Wohnzimmer ....

(s) Bett ....

(e) Kasse ....

(r) Parkplatz ....

Haus(e) ....

❷ Complète le texte par les prépositions et les marques nécessaires.

Frau Fahrmann kommt .... Hause zurück. Herr Fahrmann hat schon für die ganze Familie gekocht. Zuerst geht Frau Fahrmann .... Wohnzimmer und setzt sich .... d.......... Sofa, denn sie ist müde. Dann geht sie .... d.......... Küche und will ihren Kindern einen Kuss geben. Aber was ist denn da passiert? Wie sind denn die Spaghetti .... d.......... Lampe gekommen? Und ihr Mann! Wie ist bloß die Tomatensoße .... sein.......... Haare gekommen? Frau Fahrmann lacht und sagt: «Nun aber schnell .... Bad und dann .... Bett! Wir wollen ja morgen .... Frankreich fahren!»

B

Observe

*Florian ist **in** seinem Zimmer und hört Musik.*
*Herr Binder ist jetzt **im** Büro.*
*Ich wohne **in** der Stadt.*
*Die Kinder spielen **auf** der Straße.*
*Ich warte **an** der Kasse.*

Déduis

Pour désigner le lieu où l'on se trouve ou bien où se déroule une action, on utilise

– la préposition .... lorsqu'il s'agit d'un lieu ....
– la préposition .... lorsqu'il s'agit d'un lieu ....
– la préposition .... lorsqu'il s'agit du lieu près duquel on se tient.

Toutes ces prépositions sont suivies .... quand elles expriment une relation locative.

⚠ **Attention :**

Pour dire qu'on reste à la maison, on dira : *Ich bleibe zu Hause.*

❸ Complète par les prépositions et les marques qui conviennent.

1. Wir treffen uns um drei .... Bahnhof.

2. Ich war heute den ganzen Tag .... d.................... Schule.

3. Frau Binder ist .... Kaufhof. Sie sucht etwas .... dritten Stock.

4. Sie ist .... d.................... Musikabteilung, und ihr Mann muss .... Ausgang warten.

5. Florian spielt mit seinen Freunden .... d.................... Parkplatz.

6. Kai ist .... Hause .... sein.................... Zimmer und lernt!

❹ En choisissant la bonne préposition pour indiquer le lieu, fais des phrases avec les éléments donnés.

1. Claudia und ihre Freunde – der Kaufhof – sein

....

2. die Franzosen – der Ausgang – warten

....

3. die Verkäuferin – das Mädchen – die Kasse – schicken

....

4. Robert – das Haus(e) – bleiben müssen

....

5. Kim – Asien – geboren sein

....

6. am Sonntag – Robert – Stuttgart – kommen

....

C

Observe

Frau Stockinger sagt, ***dass*** *Claudia und ihre Freunde in der °Stadt* ***sind.***
Die Infodame erklärt, ***dass*** *der Kaufhof °sehr groß* ***ist!***

Déduis

La proposition subordonnée introduite par *dass* est en fonction de ....
.... et le verbe conjugué reste ....

❺ Tu y crois, toi ? Interroge ton ami(e) !

Ex : Kai? die Vokabeln lernen? → Glaubst du, dass Kai die Vokabeln lernt?

1. Claudia? eine Fete machen? ....

2. Florian? ein Geschenk mitbringen? ....

3. unsere Eltern? einverstanden sein? ....

4. der Lehrer? uns gute Noten geben? ....

5. der Opa? jetzt die Zeitung lesen? ....

6. die Infodame? den Kindern helfen wollen? ....

7. die Franzosen? am Ausgang gewartet haben? ....

8. Robert? allein zu Hause bleiben können? ....

❻ Ils en racontent des choses ! Reprends ce que chacun a dit :

(Claudia) «Ich brauche noch ein Buch.»
Claudia sagt, dass sie noch ein Buch braucht.

1. (Kais Vater) «Sportschuhe sind hier zu teuer!»

....

2. (Florian) «Robert ist allein zu Hause.»

....

3. (Frau W.) «Der Lkw ist dann losgefahren.»

....

4. (Frau Stockinger) «Claudia hat viele Leute eingeladen.»

....

5. (Madita) «Ich hole noch schnell ein Heft.»

....

6. (Kai) «Ich habe Sportschuhe gesucht.»

....

D

Observe

sehen *Frau W. hat einen Mann **gesehen**.*
bekommen *Claudia hat viele Geschenke bekomm**en**.*

Déduis

Pour les verbes forts, les marques du participe II sont .... – devant le radical et – .... derrière.
Lorsque le verbe n'est pas accentué sur la première syllabe, la seule marque est ....

Le participe II des autres verbes forts que tu connais est :

schlafen → .... *essen* → ....
fahren → .... *geben* → ....
tragen → .... *lesen* → ....
laufen → .... *kommen* → ....

E

Observe

*Claudia hat die Geschenke °auf**ge**macht.*
*Die Brieffreundin aus Frankreich ist °mit**ge**kommen.*

Déduis

Lorsque le verbe a un préverbe accentué, celui-ci permet à la marque **-ge-** de s'intercaler entre le .... et le ....

Le participe II d'autres verbes à préverbe accentué que tu connais est :

mitmachen → .... *einladen* → ....

aufpassen → .... *anrufen* → ....

7 Quelle journée ! Complète les phrases en ajoutant le participe II du verbe entre parenthèses.

1. Robert hat lange .... *(schlafen)*

2. Frau Wieneck hat einen Dieb .... *(sehen)*

3. Bernd ist mit seinem Auto .... *(fahren)*

4. Frau Binder hat die Zeitung .... *(lesen)*

5. Der Direktor hat die Polizei .... *(anrufen)*

6. Die Polizei ist schnell .... *(kommen)*

7. Herr Fleck hat bald Geburtstag, er hat seine Kollegen .... *(einladen)*

8 Bilan de la journée au bureau. Complète en ajoutant les participes.

1. Herr Binder war heute in der Firma. Er hat viel Post .... *(bekommen)*, dann hat er der Sekretärin viele Briefe .... *(diktieren)*. – **2.** Am Nachmittag hat er mit dem Direktor .... *(telefonieren)*. – **3.** Seine Kollegen haben .... *(bemerken)*, dass er ein Problem hatte.

Wortschatz

1. À vos valises !

Utilise ici le vocabulaire des vêtements, p. 134 de ton manuel.

a. Recopie les mots masculins dans la valise et les féminins dans le sac de voyage, et range les neutres sur l'étagère.

b. Fais les bagages des personnages suivants :

- **Peter** part pour trois jours dans les Alpes, la météo annonce du mauvais temps.
- **Wolfgang et Clara** vont au festival de Salzburg. Tenue correcte exigée.
- **Franz et Katharina** passent un week-end sportif à la mer. Temps variable annoncé.

Peter	Wolfgang und Clara	Franz und Katharina
(r) Pullover	....	....
....	....	....
....	....	....
....	....	....
....	....	....

2. Pour se débrouiller en toutes circonstances

Dans quelle situation utilise-t-on ces verbes ou ces expressions ? Inscris chacun d'eux dans la colonne qui convient.

antworten

etwas brauchen — etwas suchen

etwas finden — verabredet sein

eine Information geben

an die Kasse gehen — warten

helfen — etwas kaufen

sich treffen

Quand on aide quelqu'un	Quand on achète quelque chose	Quand on a perdu quelque chose	Quand on a rendez-vous
antworten	etwas brauchen		verabredet sein
		etwas finden	

FAIS LE POINT

1. Pourquoi attendre le dernier moment ?

Complète le texte :

1. Morgen fährt Familie Fahrmann .... Frankreich. Es ist schon halb sechs und die Geschäfte schließen .... halb sieben, aber Frau Fahrmann muss noch so viel kaufen! Sie geht schnell .... d............... Kaufhof. .... der Straße trifft sie ihre Kollegin, Frau Binder. Sie kann aber nicht .... ihr sprechen, denn sie hat keine Zeit.

2. Sechs Uhr. Sie ist .... Kaufhof. Sie fährt schnell .... d............... vierten Stock; da sind Schuhe. Sie sucht ein Paar Schuhe für sich. Sie sieht sich viele an. Sie gefallen ihr nicht so sehr.

3. Viertel nach sechs. Die Verkäuferin schaut auf d............... Uhr. Frau Fahrmann nimmt schnell ein Paar Schuhe und geht .... d............... Kasse.

Les mots manquants correspondent à des prépositions. Les marques des déterminants dépendent du cas. Si tu t'es trompé(e) dans le choix de la préposition ou dans le choix du cas, relis les paragraphes A et B et refais les exercices 1, 2 et 3, pp. 101-102 de ton manuel.

2. Pense-bête

Tu es en Allemagne, tu as repéré une paire de chaussures dans une vitrine. Récapitule tout ce que tu devras dire…

… pour saluer le vendeur et dire – en les montrant – que telles chaussures te plaisent.	„............................... ....
… pour demander s'ils ont la taille 38.	....
… pour dire qu'elles sont chères mais que tu les prends.	....
… pour remercier les vendeurs et dire au revoir.	...."

Si tu ne retrouves pas les formules, relis l'encadré «Merk dir das!», p. 104 de ce cahier.

3. Téléphone sans amplificateur

Hinz téléphone à Florian. Kunz est à côté de lui et veut savoir ce que répond Florian. Complète le dialogue :

Hinz: *(Zu Florian)* Ist Robert immer noch bei euch?
Florian: Ja, er bleibt noch ein paar Tage.
Kunz: Was sagt er?
Hinz: Er sagt ....
(Zu Florian): Isst er immer so viel Schokolade?
Florian: Er isst zwei Tafeln Kittersport Schokolade pro Tag.
Kunz: Was sagt er?
Hinz: Er sagt ....
(Zu Florian): Ist er dann nicht krank?
Florian: Er ist hoch in Form!
Kunz: Was sagt er?
Hinz: Er sagt ....
Kunz: Ach, dieser Robert!

Si tu as des difficultés pour rapporter les paroles de Florian et/ou pour placer le verbe conjugué, relis le paragraphe C et refais les exercices 4 et 5, pp. 102-103 de ton manuel.

4. Savoir le dire ... ou souffrir ?

Complète les bulles.

Si tu as des difficultés, relis l'encadré «Merk dir das!», p. 105 de ce cahier.

KAPITEL 9

Ob ein Igel auch ein Haustier ist?

1. Akt

2. Was passiert auf der Straße?

Écoute le dialogue et coche la bonne réponse.

1. ☐ Binders fahren nach Hause.
   ☐ Binders sind zu Hause.
2. ☐ Sie müssen noch 6 Kilometer fahren.
   ☐ Sie müssen noch 10 Kilometer fahren.
3. ☐ Herr Binder hält, weil er nicht mehr sehen kann.
   ☐ Herr Binder hält, weil ein Tier auf der Straße ist.
4. ☐ Auf der Straße treffen Binders Florians Biologielehrer und seine Familie.
   ☐ Auf der Straße treffen Binders eine Igelfamilie.
5. ☐ Frau Binder möchte sie aufnehmen.
   ☐ Frau Binder möchte sie nicht aufnehmen.
6. ☐ Florian ist mit seiner Mutter einverstanden.
   ☐ Florian ist mit seiner Mutter nicht einverstanden.

halten = s'arrêter
aufnehmen = accueillir

3. Was machen wir mit dem Igel?

Madame Binder donne les raisons pour lesquelles elle ne veut pas héberger le hérisson. Trouve les arguments que peut lui opposer Florian.

sauber machen
toll sein
den Biologielehrer fragen
die Familie nicht brauchen
im Schlafzimmer bleiben

Prétextes de Madame Binder	Arguments de Florian
a. Ein Igel macht doch alles schmutzig.	....
b. Wir haben doch keinen Platz!	....
c. Wir haben doch keine Zeit!	....
d. Und was trinkt und frisst so ein Igel?	....
e. Du weißt doch, dass ich keine Tiere mag.	....

MERK DIR DAS!

Observe

Die Eltern: «Der Igel muss °hier bleiben!»
*Florian: «**Aber** er braucht **doch** °Hilfe!»*

Déduis

Pour réfuter un propos en donnant un ...., on peut utiliser la conjonction .... associée à .... dans une phrase déclarative.

D'autres moyens permettent de dire que l'on .... :

Nein! Ich bin nicht einverstanden.
Das geht nicht! Das glaube ich nicht.

KANNST DU DAS?

Retrouve le dialogue entre Florian et ses parents, à l'aide des indications :

Florian demande à son père pourquoi il roule si vite.	"Vati, ...
M. Binder lui rappelle qu'il doit bientôt aller au lit.	Aber Florian, du ....
Florian lui dit qu'il n'a pas le droit d'aller si vite. Il explique qu'il y a des animaux la nuit sur la route…	...., Du weißt ...., nachts ....
M. Binder répond qu'il n'est tout de même pas un enfant !	....
Florian crie à son père de faire attention.	Ach Vati, ...
M. Binder demande ce qui se passe.	....
Florian dit qu'il y a un hérisson sur la route et qu'il faut chercher la famille !	....
Mme Binder n'est pas d'accord pour avoir un hérisson à la maison.	....

1. Wer kann den Igel aufnehmen?

Qui peut ou qui ne peut pas héberger le hérisson ? Pourquoi ? Écoute ce que chacun répond à la proposition de Florian et complète la grille.

	kann	kann nicht	Warum?
Heiko		X	....
Madita			....
Claudia			....
Kim			....
Der Biologielehrer			....

3. Lies mal!

Dans les documents fournis par le professeur de Florian (manuel, p. 108), recherche ce qui est recommandé pour soigner le hérisson, ainsi que ce qu'il faut éviter.

✚ Erste Hilfe für den Igel

?		
Was frisst ein Igel?	....	....
Was braucht ein Igel?	....	....
Wo soll ein Igel bleiben?	....	....
Was macht er im Sommer und im Frühling?	....	
Und im Winter und im Herbst?	....	

MERK DIR DAS!

Observe

– ***Nachts*** *darf man nicht so schnell fahren!*
– ***Im Sommer*** *bekommen die Igel Junge,* ***im Herbst*** *gehen dann die ganzen Igelfamilien spazieren, und* ***im Winter*** *schlafen sie!*
– ***Am Sonntag*** *geht Familie Binder spazieren;* ***am Abend*** *ist Florian immer müde! Er geht schon* ***um acht*** *ins Bett...*

Déduis

Les indications de temps peuvent avoir plusieurs formes :

– il peut s'agir d'un seul mot invariable : ex.: .... [*(pendant) la nuit*]

– il peut s'agir d'un groupe prépositionnel qui indique

• une saison :

.................................., ..., ..., ...

• un jour ou un moment de la journée :

.................................., ...

• l'heure :

....

Ces indications temporelles se trouvent souvent ....

KANNST DU DAS?

Complète les phrases par les indications de temps manquantes.

Der Igel sucht ...., was er fressen kann.

.... müssen die Autofahrer also gut aufpassen!

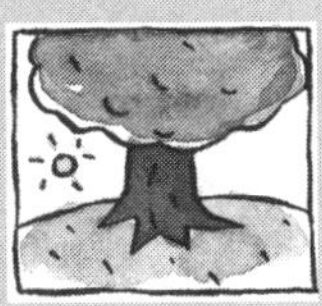

.... und ....
.... kann man ganze Igelfamilien sehen.

.... schläft der Igel.

.... versteckt sich der Igel oft.

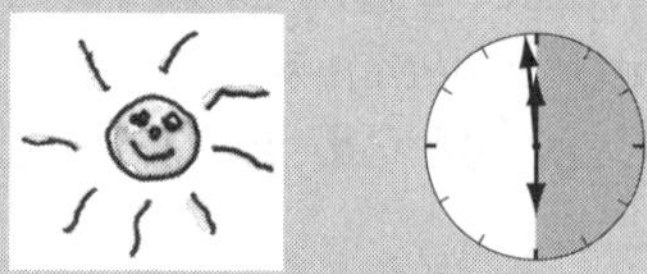

.... schlafen die jungen Igel.

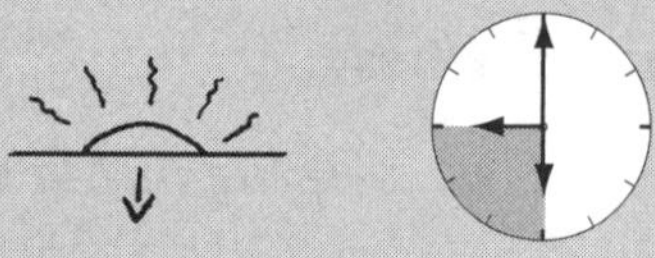

Sie gehen .... spazieren.

3. Akt

MERK DIR DAS!

Observe

Die Kinder sitzen ***in*** *der Schule.*
Das Buch liegt ***auf*** *dem Tisch.*
Das Buch liegt ***unter*** *dem Bett.*
Das Kind spielt ***vor*** *dem Haus.*
Das Kind spielt ***hinter*** *dem Haus.*
Robert sitzt ***neben*** *Florian.*
Kai wartet ***an*** *der Kasse.*

Déduis

Les différentes relations entre un objet ou une personne et un repère (table, maison, école) sont exprimées à l'aide de différentes prépositions.

in indique que l'objet / la personne se trouve .... le repère.
auf indique que l'objet / la personne se trouve .... le repère.
unter indique que l'objet / la personne se trouve .... le repère.
vor indique que l'objet / la personne se trouve .... le repère.
hinter indique que l'objet / la personne se trouve .... le repère.
an indique que l'objet / la personne se trouve .... du repère.
neben indique que l'objet / la personne se trouve .... du repère.

2. Hör zu!

Écoute le dialogue et coche la ou les cases qui conviennent :

1. Florian hat ein Problem. Warum ?
- ☐ Der Igel ist krank.
- ☐ Der Igel ist weg.
- ☐ Herr Binder ist nicht da.
- ☐ Frau Binder ist krank.

2. Vati
- ☐ soll helfen.
- ☐ kann jetzt nicht helfen.
- ☐ hat jetzt keine Zeit.
- ☐ muss ins Büro.

3. Wer findet den Igel ?
- ☐ Florian
- ☐ Frau Binder
- ☐ Herr Binder
- ☐ niemand

niemand : *personne*

4. Der Igel ist
- ☐ in der Garage.
- ☐ in Peter Binders Stiefel.
- ☐ in der Mülltonne.
- ☐ im Garten.

3. Unter uns gesagt...

Note ici le bilan de la discussion en classe.

....

....

....

Zwischendurch

5. Alles klar?

Ce résumé du dialogue comporte 5 erreurs.
Lis-le d'abord, puis écoute le dialogue et souligne les erreurs.
Corrige-les en face, dans la colonne de droite.

Kim hat Claudia etwas geschenkt: eine Tüte Bonbons (500 Gramm!). Frau Stockinger freut sich, es ist nämlich kein Videospiel, und Videospiele machen Lärm. Sie findet dieses Geschenk nicht gut, denn Claudia isst so viele Bonbons. Claudia ist mit ihrer Mutter einverstanden. Jetzt hat sie eine Idee für ihre Freunde: Zum Geburtstag schenkt sie ihnen einen Plüschhamster.

....

....

....

....

....

....

....

Grammatik ist Trumpf!

A

Observe

*Frau Binder fragt, **ob** Claudia °Tiere **mag**.*
*Florian weiß nicht, **ob** ein Igel °Milch trinken **darf**.*
*Weißt du, **ob** der Igel heute schon etwas gefressen **hat**?*

Déduis

La proposition subordonnée introduite par .... est complément d'un verbe qui exprime .... ou ....
Comme dans les autres subordonnées, le verbe conjugué reste placé .... et est précédé de ....

❶ Que de questions ! Florian s'interroge… Forme des phrases à partir des groupes infinitifs.

1. ein Igel? *im Garten leben können*

Florian fragt sich, ob ein Igel im Garten leben kann.

2. Kai? *Tiere mögen*

....

3. Claudia? *helfen wollen*

....

4. der Vater? *einverstanden sein*

....

5. der Biologielehrer? *viel über diese Tiere wissen*

....

6. Robert? *mit den Eltern sprechen können*

....

7. ein Igel? *seine Mutter brauchen*

....

B **Observe**

*Florian fragt sich, **warum** sein Vater so schnell gefahren ist,*
***was** er nun machen kann, **wohin** er den Igel bringen kann,*
***wer** einen Garten hat, **wo** die Igel-Kinder sind,*
***wann** ein Igel schlafen muss...*

Déduis

Lorsque le doute ne porte que sur un seul élément, on emploie un mot interrogatif tel que :

.... pour interroger sur **la personne**;
.... pour interroger sur **la chose ou sur l'action**;
.... pour interroger sur le **lieu où l'on est**;
.... pour interroger sur **le lieu où l'on va**;
.... pour interroger sur **le temps**;
.... pour interroger sur **la cause.**

Lorsque ce mot interrogatif introduit une proposition subordonnée, le verbe de celle-ci reste ....

2 Tout ce que Florian veut demander à son professeur et aux autres ! Raconte.

Ex.: Was darf ein Igel fressen? *(Biologielehrer)*

→ Florian will den Biologielehrer fragen, was ein Igel fressen darf.

1. Wer hat einen Garten? *(die Schulkameraden)*

....

2. Warum müssen die Igel im Winter schlafen? *(Mutter)*

....

3. Wo kann ein Igel im Winter schlafen? *(Biologielehrer)*

....

4. Wann braucht ein Igel seine Mutter nicht mehr? *(Robert)*

....

5. Wohin gehen die Igel nachts gern? *(Claudia)*

....

6. Was darf ein Igel nicht trinken? *(Biologielehrer)*

....

❸ Affirmer, c'est bien; justifier, c'est mieux ! Florian dit ce qu'il peut ou ne peut pas faire, et le justifie. Retrouve ses phrases.

den Biologielehrer fragen wollen – alles wissen
→ Ich will den Biologielehrer fragen, er weiß nämlich alles.

1. Kai nicht fragen wollen – keinen Garten haben

Ich ....

2. die Oma nicht anrufen können – im Moment nicht zu Hause sein

Ich ....

3. Madita nicht fragen wollen – allergisch sein

Ich ....

4. dem Igel Milch geben dürfen – noch sehr jung sein

Ich ....

D

Observe

Im *Sommer haben wir immer Ferien.*
Im *Dezember haben wir auch Ferien.*
Claudia hat ***am*** *24. Oktober Geburtstag.*
Am *Sonntag besucht uns die Oma.*
Der Briefträger kommt immer ***am*** *Vormittag.*
Wir essen zu Hause ***um*** *19 Uhr.*

Déduis

Pour situer un événement dans le temps, on emploie :

– la préposition .... suivie du .... pour les .... et les ....

– la préposition .... suivie du .... pour les ...., les .... et les ....

– la préposition .... pour indiquer ....

❹ Bizarre, bizarre ! Raconte l'histoire de M. Sondermann :

Il est né un 29 février, il mange seulement le soir, va au bureau à 6 heures, ne travaille pas l'après-midi, mais travaille le dimanche; il a des vacances en automne et au mois de janvier, et aime nager en hiver...

Herr Sondermann ....

....

....

....

E

Observe

Florian muss ins Bett.
Du musst jetzt nach Hause!

Déduis

Après un verbe de modalité tel que ...., ..., ...,
on peut se limiter à employer ....

❺ Ce qu'on doit faire, ce qu'on peut faire et ce qu'on a pas le droit de faire… Complète :

1. Herr Binder muss morgen um halb acht .... Büro.
2. Der Hund darf nicht .... d................ Straße.
3. Kinder müssen jetzt .... Bett!
4. Der Igel darf nicht .... Haus!
5. Das Kind ist müde und will .... Hause.
6. Frau Binder will heute Nachmittag .... d................ Stadt.
7. Darf ich bitte .... Bad?

Wortschatz

1. C'est l'un ou l'autre.

Retrouve les contraires :

schnell fahren	oder	.... fahren
ein Männchen	oder	ein....................
wenig	oder	....
hinter	oder	....
am Vormittag	oder	....
im Winter	oder	im ....
am Tage	oder	....

2. À vos marques, prêts...

Remets de l'ordre dans les expressions suivantes : classe-les selon leur sens.

laufen - gewinnen - eine Goldmedaille bekommen - der Letzte am Ziel sein - einen Wettlauf machen - zu langsam laufen - der Erste sein - keine Medaille bekommen

Participer à une course	*Être perdant*	*Être champion*
....	....	....
....	....	....
....	....	....
....	....	....

3. Petites causes et grands effets !

Complète les phrases suivantes par l'adjectif qui convient :

kaputt - warm - nervös - sauber - schmutzig - müde

1. Der Igel macht die Wohnung .... *(salir)*
2. Und Frau Binder macht die Wohnung wieder .... *(nettoyer)*
3. Binders wollen zu Mittag essen : Frau Binder macht die Suppe .... *(réchauffer)*
4. So viel Sport : Das macht uns .... *(fatiguer)*
5. «Die Musik ist zu laut : Das macht mich ....!», sagt die Oma. *(énerver)*
6. Frau Stockinger sagt : «Ihr könnt die Gläser nehmen, aber ihr dürft sie nicht .... machen.» *(casser)*

FAIS LE POINT

1. Un garçon peu compétent

Claudia et sa mère sont au restaurant. Après avoir consulté la carte, elles interrogent le garçon. Ce dernier n'est au courant de rien et doit toujours poser la question au chef. Complète le dialogue.

Claudias Mutter: Entschuldigung, Karlsbader Toast, ist das Fleisch oder Fisch?
Der Kellner: Das weiß ich nicht. Moment bitte, ich frage den Chef.

Der Kellner (zum Chef)**:** Eine Kundin fragt, ...
Der Chef: Fisch.

Der Kellner (zur Mutter)**:** Der Chef sagt, ...
Claudias Mutter: Danke. Aber noch etwas, bitte. Sind die Portionen groß oder klein?
Der Kellner: Das weiß ich auch nicht. Wissen Sie, ich bin neu hier, und ich muss wieder den Chef fragen.

Der Kellner (zum Chef)**:** Die Kundin fragt, ...
Der Chef: Sehr groß. Die Portionen sind sehr groß.

Der Kellner (zur Mutter)**:** Der Chef sagt, ...
Claudias Mutter: Danke. Dann nehmen wir nur eine Portion.

Si tu as des difficultés pour rapporter les questions de la mère de Claudia et/ou pour placer le verbe conjugué, relis l'encadré A et refais les exercices 1, 2 et 3, p. 113 de ton manuel.

Si tu as des difficultés pour rapporter les réponses du chef cuisinier et/ou pour placer le verbe conjugué, relis l'encadré C et refais les exercices 4 et 5, p. 102-103 de ton manuel.

2. Un jeu comme un autre !

Tu es chez Dennis, ton correspondant. Le téléphone sonne. Dennis décroche. Devine les questions que lui pose son interlocuteur.

Dennis: Dennis Bauer, guten Tag.
Der Gesprächspartner: ....
Dennis: Um drei. Theaterprobe ist immer um drei, das weißt du doch!
Der Gesprächspartner: ....
Dennis: Nein, Jan kann heute nicht kommen.

Der Gesprächspartner: ....
Dennis: Er kommt nicht, weil seine Oma Geburtstag hat: Er muss zu ihr gehen.

Der Gesprächspartner: ....
Dennis: Hab' ich dir schon gesagt: Wir treffen uns bei dir!

Si tu as des difficultés à retrouver les questions, relis l'encadré E, p. 39, et l'encadré B, p. 114 de ton manuel.

3. Les petits-enfants de Robert

Florian parle à ses camarades d'un petit-fils de Robert. Complète le texte.

1. Stefan ist 11 Jahre alt; .... Mittwoch Nachmittag hat er keine Schule, er hat aber viel zu tun: .... 15 Uhr hat er Fußballtraining und .... 18 Uhr eine Klavierstunde. – **2.** Er fährt sehr gern Ski und .... Februar – da haben die Franzosen nämlich Ferien! – fährt die ganze Familie in die Alpen, ... Arvieux. – **3.** Sie wollen mich einladen, aber .... Winter haben wir leider keine Ferien. – **4.** Vielleicht fahre ich dann .... Sommer zu ihnen, sie wohnen nicht weit vom Meer und .... Südfrankreich ist das Wetter immer schön.

Si tu as des difficultés à trouver la préposition qui convient, relis l'encadré D et refais les exercices 6, p. 115 de ton manuel. Relis aussi l'encadré «Merk dir das!», p. 121 de ce cahier.

4. En quelle saison ?

Complète par le nom de la saison décrite.

1. Im .... können wir auf der Terrasse essen, schwimmen gehen oder Eis essen, weil es so heiß ist. Und wir haben Ferien!

2. Im .... brauchen wir einen Pullover oder einen Anorak, weil es so kalt ist. Wir kaufen Geschenke für Weihnachten. Und wir können auch noch Ski fahren!

3. Im .... haben wir wieder Schule, wir brauchen wieder Pullover.

4. Im .... ist alles schön. Überall sind Blumen, wir brauchen den Anorak nicht mehr, weil es im Garten jetzt wieder warm ist.

Si tu as des difficultés à compléter ces phrases, reporte-toi à l'activité 3, p. 108 de ton manuel.

5. Pauvre Kai!

Les parents de Kai l'accablent de remarques. Complète-les.

1. Kai, du sollst nicht so lange schwimmen, das macht dich ....! – **2.** Kai, du darfst noch keinen Kaffee trinken: Du bist zu jung und der Kaffee macht dich ....**.** – **3.** Ach Kai, iss nicht so viel und so schnell, das macht dich ....! – **4.** Ach, dieses Fußballspielen! Du hast deine Jeans schon wieder .... gemacht, und die Waschmaschine ist kaputt! – **5.** Pass doch auf, Kai! Du sollst das Fahrrad nicht .... machen. Es ist neu und war sehr teuer.

Si tu as des difficultés, reporte-toi à la rubrique «Wortschatz», exercice 3 p. 128 de ce cahier.

KAPITEL 10

KAPITEL

Wie kann Robert seinen Briefpartner wiederfinden?

1. Akt

2. Hör zu!

Qu'apprends-tu sur Robert et son ancien correspondant ? Écoute la conversation entre Florian et Kim et réponds aux questions :

1. Wann war **Robert** zum ersten Mal in Deutschland?

....

2. Wo war er damals?

....

3. Wie heißt **Roberts Partner**?

....

4. Wo war er Schüler?

....

5. Wo wohnt er jetzt?

....

2. Das ist aber nicht so einfach!

Complète le dialogue entre Kim et Florian :

Florian : ....
Kim : Ja schon, aber vielleicht wohnt er nicht mehr in Alfeld...

Florian : Wir können eine Anzeige in die Zeitung setzen.
Kim : ....

Florian : ....
Kim : Wir finden bestimmt viele Zeller und dann müssen wir viele Leute anrufen.

Florian : ....
Kim : Gute Idee: Er kann im Schularchiv suchen.

3. Kennen Sie Werner Zeller?

a. Écoute la conversation entre Madame Binder et son interlocuteur, et coche les bonnes réponses.

1. Frau Binder sucht
   - ☐ Werner Zeller.
   - ☐ Udo Dittberner.
2. Sie sucht
   - ☐ den Briefpartner von Robert.
   - ☐ den Briefpartner von ihrem Sohn.
3. Der Direktor kann Frau Binder
   - ☐ helfen.
   - ☐ nicht helfen.

b. Réponds aux questions suivantes.

Wer kann Werner Zeller finden?

....

Warum?

....

4. Lies mal!

Lis attentivement la lettre d'Udo Dittberner aux enfants et coche la (ou les) bonne(s) réponse(s).

1. Udo Dittberner
   - ☐ ist der Direktor von einer Schule in Alfeld.
   - ☐ ist ein Freund von Werner Zeller.
   - ☐ war damals Schüler am Alfelder Gymnasium.
   - ☐ war der Partner von Robert.

2. Udo Dittberner schreibt den Brief,

- ☐ weil Frau Binder mit ihm telefoniert hat.
- ☐ weil der Direktor vom Gymnasium mit ihm telefoniert hat.
- ☐ weil Werner Zeller mit ihm telefoniert hat.

3. Udo Dittberner

- ☐ war noch nie in Frankreich.
- ☐ hat damals einen Austausch mit Nîmes gemacht.
- ☐ weiß nicht, wer Robert ist.

4. Udo Dittberner will

- ☐ ein Wiedersehen zwischen Robert und Werner in Hannover organisieren.
- ☐ ein Wiedersehen im Stuttgarter Stadion organisieren.
- ☐ ein Fußballspiel zwischen den Schülern von damals organisieren.

3. Akt

2. Lies mal!

Les phrases ci-dessous résument la bande dessinée, p. 121 de ton manuel. Numérote-les dans l'ordre qui convient.

.... Robert fragt, warum sie in der Südtribüne bei den Fans von Hannover sitzen. Er und die Kinder sind doch aus Stuttgart!

.... Das Fußballspiel ist aus! Alle wollen nach Hause gehen. Da hört Robert einen Mann laut rufen. Die Kinder lachen, weil sie wissen, was jetzt bald passiert.

.... Beide freuen sich. «Na, so was!»

........1........ Robert und die Kinder sitzen in der Südtribune. Da sitzen auch die Fans von Hannover 96.

.... Tor für Stuttgart! Die Fans von Stuttgart freuen sich. Die Fußballfans von Hannover nicht. Robert freut sich auch nicht.

.... Robert versteht zuerst nicht. Aber dann glaubt er, dass es vielleicht Werner ist. Der erste Mann ist aber Udo Dittberner.

.... Und dann sieht Robert seinen Briefpartner Werner!

3. Unter uns gesagt...

Note ici le bilan de la discussion en classe.

....

....

....

....

4. 45 Jahre später

Partner A : tu es Udo

Tu connais Werner, mais tu souhaites avoir des informations sur ce qu'est devenu Robert. Ton/ta camarade est Florian.

– Pose-lui des questions sur Robert et note les informations dans la colonne de droite.
– Il/elle t'interroge sur Werner. Réponds-lui à l'aide des informations ci-dessous.

Name	Zeller	....
Vorname	Werner	Robert
Alter	61	....
Frau	Hannelore, 56	....
Kinder	Markus, 37; Bärbel, 34	....
Enkelkinder	Sven, Boris, Julian, Sarah	....
Tiere	eine Katze : Muschi	....
Beruf	Taxifahrer	....
Ferien	nach Dänemark fahren, baden	....
Hobbies	wandern, fotografieren, im Garten arbeiten, im Fußballclub Hannover aktiv sein	....

Partner B : tu es Florian ; reporte-toi à la p. 139.

1. Volles Programm

C'est lundi matin, tu dis au revoir à un(e) ami(e) que tu dois revoir bientôt, c'est-à-dire :

1. lundi à 15 heures « .... !»

2. lundi à 19 heures « .... !»

3. mardi à 10 heures « .... !»

4. mardi à 20 heures « .... !»

5. mercredi à 11 heures « .... !»

bis heute Abend - bis morgen früh - bis heute Nachmittag - bis übermorgen - bis morgen Abend

3. Alles klar?

Écoute la conversation téléphonique entre Florian et Werner et coche les bonnes réponses.

richtig	*falsch*	
☐	☐	**1.** Robert war sympathisch.
☐	☐	**2.** Er war nicht sehr sportlich.
☐	☐	**3.** Er hatte einmal ein Problem mit einem Hund.
☐	☐	**4.** Die Klasse hat eine Fahrt nach Hannover gemacht.
☐	☐	**5.** Robert hat seine Freunde verloren.
☐	☐	**6.** Roberts Deutsch war sehr gut.
☐	☐	**7.** Eva war seine Lehrerin.
☐	☐	**8.** Eva hat Robert viel geholfen.

Grammatik ist Trumpf!

A **Observe**

*Florian informiert sich **bei seinem** Biologielehrer.*
*Der Igel ist noch jung und bleibt **bei** der Mutter.*
***Bei den** Großeltern darf Florian fernsehen.*

Déduis

Pour indiquer qu'une action .... quelqu'un, on emploie la préposition ....
Cette préposition est suivie du ....

Observe

*Robert ist damals **zu** seine**m** Briefpartner gefahren.*
*Geh doch **zur** Klassenlehrerin und frag sie!*
*Familie Binder fährt am Sonntag **zu** ihre**n** Freunde**n**.*

Déduis

Pour indiquer qu'une action consiste à .... quelqu'un, on emploie la préposition ....
Cette préposition est suivie du ....

1 **Chez les autres, c'est toujours mieux ! Complète par la préposition et la marque de cas qui conviennent :**

a. Les préférences de Heiko

1. Heiko bleibt im Sommer gern .... sein.......... Großeltern. – **2.** .... d.......... Oma darf er immer viele Süßigkeiten essen, und .... d.......... Opa kann er viel lernen. – **3.** Der Opa hat nämlich lange .... ein.......... Firma in Afrika gearbeitet und kann heute noch sehr viel erzählen. – **4.** Aber im Winter fährt Heiko oft .... sein.......... Tante Lotte und .... sein.......... Cousin Julian. – **5.** Manchmal gehen sie beide .... ihr.......... Freund.......... Jan und Jens. Sie können dann Ski fahren.

b. Le journal de Madita

1. Heute war es wieder sehr schön! Ich hatte keine Schule, bin am Vormittag .... mein.................. Kusine gefahren und habe den ganzen Tag mit ihr gespielt. – **2.** Ich bleibe ja sehr gern .... Tante Tina und Onkel Martin. – **3.** .... ih.................. darf ich immer spielen oder fernsehen, ich muss nicht helfen! – **4.** .... mein.............. Cousin im Zimmer sind viele Postkarten, er hat Freunde in ganz Europa und auch in Amerika. – **5.** Im Sommer fährt er zuerst .... sein........... Freund Marco nach Italien; dann fliegt er .... sein........... Schulpartnerin nach Finnland. – **6.** Seine Schwester bleibt aber gern .... d........... Eltern in Deutschland. – **7.** Ich fahre bald .... ih...........! Dort ist es immer lustig! – **8.** Wir bleiben .... ih........... oder gehen .... ihr........... Freund............

B Observe

*Das Kind fragt den Vater **und** die Mutter.*
*Claudia hat viele Freunde eingeladen, **und** alle **sind** gekommen.*
*Robert möchte telefonieren, **aber** er **hat** kein Kleingeld.*

Déduis

Les conjonctions *und* et *aber* servent à ....
des .... ou des ....
La conjonction *und* sert à exprimer ....
La conjonction *aber* sert à exprimer ....
Après ces conjonctions, le verbe de la phrase déclarative est toujours en .... position, précédé du sujet ou d'un complément.

❷ Il y a un « hic » ! Continue les phrases suivantes en respectant l'opposition annoncée par *aber*:

1. Florian soll seine Matheübung machen, aber ....
2. Herr Fleck sucht seinen Lkw, aber ....
3. Madita möchte sich ein Kleid kaufen, aber ....
4. Claudia darf eine Fete organisieren, aber ....
5. Robert sagt, daß er sechzehn ist, aber ....

C Observe

Heute Vormittag *backe ich einen Kuchen.*
Heute Nachmittag *kommen meine Freunde.*
Heute Abend *schlafen sie bei uns.*
Vorgestern *war ich müde;* ***gestern*** *habe ich geschlafen;* ***heute*** *bin ich fit!*
Heute *ist Freitag;* ***morgen*** *ist Samstag;* ***übermorgen*** *ist Sonntag!*

Déduis

Lorsqu'on veut renvoyer au jour où on parle, on emploie l'adverbe ....

- Pour préciser la partie de la journée, on dit :

	équivalent français
heute	....
heute	....
heute	....

- Les jours qui précèdent et suivent immédiatement ce jour-là se situent par rapport à lui :

....	....	« heute »	....	....
8. Mai	9. Mai	10. Mai	11. Mai	12. Mai

❸ Complète par le verbe indiqué en choisissant le temps qui convient :

1. Heute Abend ist Frau Binder sehr müde! Sie .... den ganzen Tag in der Stadt (*sein*): Zuerst .... sie Bücher, Filme und eine neue Kamera für die Sommerferien .... (*kaufen*); dann .... sie eine Hose .... (*suchen*), aber die Hosen .... alle zu teuer (*sein*), oder sie .... nicht .... (*passen*). – **2.** Am Nachmittag .... sie zu ihrer Freundin Jutta .... (*fahren*), aber sie .... nicht zu Hause (*sein*). Frau Binder .... eine Viertelstunde vor der Tür .... (*warten*), aber ihre Freundin .... nicht .... (*kommen*). – **3.** Also .... sie wieder nach Hause .... (*fahren*). – **4.** Jetzt .... sie etwas trinken und gleich duschen (*wollen*), dann .... sie die Koffer packen (*müssen*). – **5.** Florian und sein Vater .... doch kochen (*sollen*), oder?! – **6.** Morgen .... die Familie nach Bayern zu den Großeltern (*fahren*), dann .... der Opa alle ins Restaurant .... (*einladen*). – **7.** Frau Binder .... schon (*wissen*), was Florian dort gern .... (*essen*): Bratkartoffeln und ein großes Eis!

Partnerspiel

45 Jahre später (voir p. 134)

Partner B : tu es Florian.

Tu connais maintenant bien Robert, mais tu voudrais avoir des informations sur Werner. Ton/ta camarade est Udo.

- Pose-lui des questions sur Werner et note les informations dans la colonne de droite.
- Il/elle t'interroge sur Robert. Réponds-lui à l'aide des informations ci-dessous.

Name	Fournier	....
Vorname	Robert	Werner
Alter	60	....
Frau	lebt nicht mehr	....
Kinder	François, 38	....
Enkelkinder	Emilie, Stéphane	....
Tiere	keine	....
Beruf	in Rente	....
Ferien	zu Freunden fahren	....
Hobbies	Trompete spielen, fernsehen, kochen	....

FAIS LE POINT

1. Amitiés franco-allemandes

Complète l'histoire de Robert, Udo, Werner et les autres.

1. Udo Dittberner will .... Stuttgart fahren. .... Stuttgart kann er Robert treffen. Robert wohnt im Moment .... Binders.

2. Weißt du noch, warum er .... Binders .... Deutschland gefahren ist? Er wohnt ja .... Nîmes; Florians Luftballon ist bis .... Nîmes gekommen! Dann haben Binders gesagt, dass Robert .... ihnen kommen kann.

3. Udo Dittberner war auch schon einmal .... Nîmes! Das war 1956! Er hat damals .... seinem Partner gewohnt. Udos Freund, Werner, war .... Robert!

Si tu as des difficultés à trouver la préposition qui convient, relis l'encadré A et refais les exercices 1 et 2, p. 124 de ton manuel.

2. Emploi du temps

	Montag, 7.	Dienstag, 8.	Mittwoch, 9.	Donnerstag, 10.	Freitag, 11.
Vormittag	√ *ein Geschenk für Herrn Dittberner kaufen*	√ *Karten für das Fußballspiel kaufen*			
Nachmittag			√ *Robert treffen*	*12⁰⁰: Herrn Dittberner anrufen*	*18⁰⁰: Fußballspiel*

C'est mercredi soir, Madita écrit dans son journal intime. À l'aide de son agenda, complète par les adverbes de temps qui conviennent.

Mittwoch, den 9.

Heute .... *war ich mit Robert in der Stadt.* .... *habe ich mit ihm die Karten für das Fußballspiel gekauft.* .... *um* .... *ist das Spiel!* .... *um* .... *soll ich Herrn Dittberner anrufen : Er kann uns ja sagen, ob Werner auch mitfährt. Wir hoffen alle, dass er mitkommen kann, aber das ist nicht sicher. Ein Glück, dass dieser Udo Dittberner uns so geholfen hat!* .... *haben wir ihm ein Geschenk gekauft: eine Flasche Wein aus Südfrankreich!*

Si tu ne te souviens pas des différents adverbes de temps, relis l'encadré C, p. 125 de ton manuel.

Der Hase und der Igel

Lis attentivement ce conte de Grimm (pp. 128-129 de ton manuel) et coche la ou les réponses exactes.

1. Le conte met en scène

- ☐ un lièvre et une tortue.
- ☐ un lièvre et un hérisson.
- ☐ un lièvre et un couple de hérissons.

2. Le lièvre se moque de son voisin

- ☐ parce qu'il n'a pas d'argent.
- ☐ parce qu'il ne se déplace pas vite.
- ☐ parce qu'il a trop bu de schnaps.

3. Le hérisson vexé fait un pari avec le lièvre ; le gagnant aura

- ☐ de l'argent.
- ☐ une médaille en or.
- ☐ de l'argent et une bouteille d'alcool.

4. Le lièvre est sûr de gagner

- ☐ parce qu'il court très vite.
- ☐ parce que son concurrent est très fatigué.
- ☐ parce que son concurrent est un animal qui se déplace lentement.

5. Ce pari se termine par la victoire

- ☐ du lièvre.
- ☐ du hérisson.
- ☐ d'aucun des deux.

6. Le vainqueur a gagné

- ☐ parce qu'il court le plus vite.
- ☐ parce qu'il est arrivé le premier.
- ☐ parce que quelqu'un l'a aidé à jouer un tour à son adversaire.

7. La morale de ce conte,

- ☐ c'est que lorsqu'on n'a pas de tête il faut avoir des jambes.
- ☐ c'est qu'il ne faut pas se moquer d'un plus petit que soi.
- ☐ c'est que pour qu'un couple vive heureux il faut que l'homme et la femme se ressemblent.

Fais le point – Corrigés

Kapitel 2

1. **1.** Das ist Damien, er spielt gern Flöte. – **2.** Das ist Aurélie, sie spielt gern Basketball. – **3.** Das ist Adrien, er schwimmt gern. – **4.** Das ist Julie, sie spielt gern Fußball. – **5.** Das ist Anaïs, sie spielt sehr gern Tennis.

2. „Wir haben Biologie am Montag um 2 (Uhr) und am Donnerstag um 10 (Uhr). Wir haben Mathe am Mittwoch um 10 (Uhr) und am Freitag um 11 (Uhr)."

3. Wir sind drei Schüler. – Wir sind *11, 12* Jahre alt. – Wir wohnen in *Marseille, Lyon...* – Wir spielen Flöte, Klavier und Gitarre.

Kapitel 3

1. **a.** Kannst du Französisch? – Kannst du schwimmen?
b. Du sollst nach Frankreich kommen. – Du sollst langsam sprechen.
c. Ich will einmal in Deutschland arbeiten.

2. **1.** nicht – **2.** lernen – machen – **3.** Note – **4.** lesen – **5.** aufpassen – stellen.

3. **a.** Spielt ihr Fußball? – Seid ihr gut in Mathe? – Sprecht ihr gut Französisch? – Könnt ihr gut schwimmen?
b. gut in Mathe sein – nicht gut Französisch sprechen – sehr gut schwimmen können – Sportlehrer werden wollen.

4. **a.** Wann ist Handball? – **b.** Was macht ihr heute Nachmittag? – **c.** Wer ist es? – **d.** Wie heißt die Blonde?

Kapitel 4

1. **1.** ich habe keinen Ball – **2.** ich habe kein Geld – **3.** sie hat keinen Tennisschläger – **4.** er hat keinen Tennisball – **5.** sie haben keine Flöte.

2.

Zeit	**Zug**	**aus**	**Gleis**
18.50	IC 125 Roland	Berlin	13

Zeit	**Zug**	**nach**	**Gleis**
19.00	IC 125 Roland	Ulm - Augsburg - München	13

3. Wie alt sind Sie? – Wo wohnen Sie? – Was machen Sie gern? – Haben Sie Kinder?

4. **Hinz** hat ein Buch. – Er hat einen Koffer. – Er hat eine Gitarre. – Er hat kein Eis. – Er hat keine Postkarte. – Er hat keinen Rucksack.

Kunz hat ein Eis. – Er hat eine Postkarte. – Er hat einen Rucksack. – Er hat kein Buch. – Er hat keinen Koffer. – Er hat keine Gitarre.

5. **1.** Bahnhof - **2.** nach - **3.** Zug - aus - **4.** um - **5.** Zeit - kaufen - **6.** braucht.

Kapitel 5

1. **1.** Jan trinkt nicht gern Tee (*ou* Jan mag keinen Tee).
2. Er isst nicht gern Eier (*ou* Er mag keine Eier).
3. Er isst lieber Marmelade (*ou* Er mag lieber Marmelade).
4. Er isst gern Käse (*ou* Er mag Käse).
5. Er trinkt gern Orangensaft (*ou* Er mag Orangensaft).

2. **1.** Florians Zimmer – **2.** Roberts Sohn – **3.** Florians Französischlehrerin – **4.** Frau Binders Auto.

3. Robert schläft in Florians Zimmer, aber er hilft Florian in Französisch. – Er spricht (*ou* er kann) nicht gut Deutsch, aber er will Deutsch lernen. – Er kann gut kochen.

4. Herr Faul will immer zu Hause bleiben. – Er kann gut kochen. – Er will nicht einkaufen gehen. – Er schläft lieber. – Er trinkt (*ou* mag) keinen Kaffee. – Er mag Tee mit Milch. – Er hat Zeit, aber kein Geld.

5. **1.** Goethestraße 48 – **2.** einen Sohn – **3.** Ihr Sohn – ihre Tochter – **4.** einen – keine – **5.** am Samstag – **6.** schwimmen sie (*ou* gehen sie schwimmen).

Kapitel 6

1. **1.** Florian, deck den Tisch! – **2.** Florian, hilf Robert! – **3.** Florian, hol das Bier für Robert! – **4.** Florian, bleib mit Robert! – **5.** Florian, gib Robert dein Zimmer!

2. Meinem Deutschlehrer (*ou* meiner Deutschlehrerin) schenke ich das Wörterbuch. – Meinem Musiklehrer (*ou* meiner Musiklehrerin) schenke ich die CD. – Meinem Mathelehrer (*ou* meiner Mathelehrerin) schenke ich das Mathebuch. – Meinem Sportlehrer (*ou* meiner Sportlehrerin) schenke ich den Ball. – Meinem Biologielehrer (*ou* meiner Biologielehrerin) schenke ich die Schlange.

3. **1.** Du darfst nicht laut sein. **2.** Du darfst nicht Rollschuh laufen (*ou* fahren). – **3.** Du darfst nicht Fußball spielen. – **4.** Du darfst nicht Rad fahren. – **5.** Du darfst nicht Musik spielen.

4. **1.** Du sollst die Franzosen einladen. – **2.** Ich organisiere die Getränke. – **3.** Kim bringt die CDs mit. – **4.** Du sollst Brot und Butter für die Toasts kaufen. – **5.** Deine Freunde können dir helfen.

Kapitel 7

1. Ich habe das Bett gemacht. – Ich habe den Tisch gedeckt. – Ich habe Blumen für Rémis Mutter gekauft. – Ich habe immer « merci » gesagt. – Ich habe nicht zu lange telefoniert.

2. Wer ist der Junge mit dem Rucksack? – Wer ist der Junge mit dem Walkman? – Wer ist das Mädchen mit der Brille? – Wer ist der Junge mit der Kappe? – Wer ist der Junge mit dem Skateboard? – Wer ist das Mädchen mit dem Tennisschläger?

3. **a.** Er trägt eine Brille. – **b.** Er hat keine Haare. – **c.** Er trägt einen Bart. – **d.** Er ist schlank. – **e.** Er trägt einen Mantel. – **f.** Er ist groß.

4. **1.** Ich muss 500 Kilogramm Schokolade liefern. – **2.** Wir müssen den Dieb finden! – **3.** Ich muss einen Artikel schreiben. – **4.** Ich muss meine Kollegin anrufen.

Kapitel 8

1. **1.** nach – um – in den – auf – mit – **2.** im – in den – **3.** die – an die

2. Guten Tag (*ou* Grüß Gott)! Die Schuhe da gefallen mir. – Haben Sie die Größe 38? – Sie sind teuer, aber ich nehme sie. – Vielen Dank (*ou* Danke schön). Auf Wiedersehen.

3. Er sagt, dass Robert noch ein paar Tage bleibt. Er sagt, dass er zwei Tafeln Kittersport Schokolade pro Tag isst. – Er sagt, dass er hoch in Form ist.

4. Ich habe Durst. – Ich habe Hunger. – Ich bin müde (*ou* Ich kann nicht mehr *ou* Ich bin kaputt).

Kapitel 9

1. Eine Kundin fragt, ob Karlsbader Toast Fleisch oder Fisch ist. – Der Chef sagt, dass Karlsbader Toast Fisch ist. – Die Kundin fragt, ob die Portionen groß oder klein sind. – Der Chef sagt, dass die Portionen sehr groß sind.

2. Um wie viel Uhr (*ou* Wann) ist Theaterprobe? – Kann Jan heute kommen? – Warum kommt er nicht heute? – Wo treffen wir uns?

3. **1.** am – um – um – **2.** im – nach – **3.** im – **4.** im – in

4. **1.** Im Sommer – **2.** Im Winter – **3.** Im Herbst – **4.** Im Frühling

5. **1.** müde – **2.** nervös – **3.** krank – **4.** schmutzig – **5.** kaputt

Kapitel 10

1. **1.** nach – in – bei – **2.** zu – nach – in – nach – zu – **3.** in – bei – bei

2. Nachmittag – gestern Vormittag – übermorgen – 18 Uhr – morgen – 12 Uhr – vorgestern

Achevé d'imprimer en France sur les presses de l'Imprimerie Hérissey à Évreux - N° 101765
Dépôt légal : mai 2006 - 4606/12